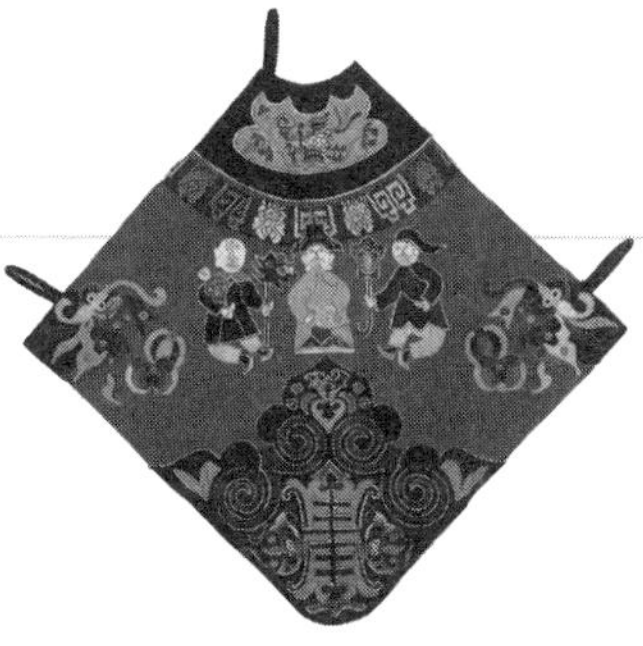

チャイナドレス大全

文化・歴史・思想

謝黎
XIE LI

青弓社

チャイナドレス大全

文化・歴史・思想

目次

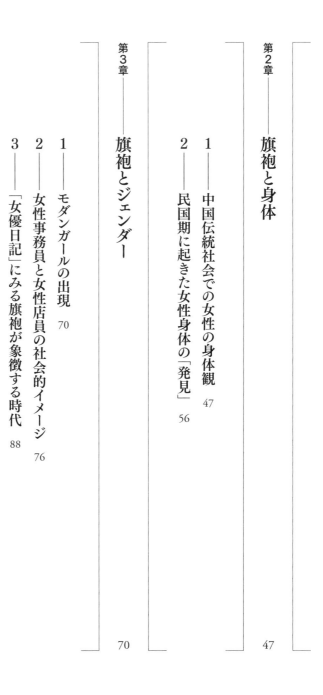

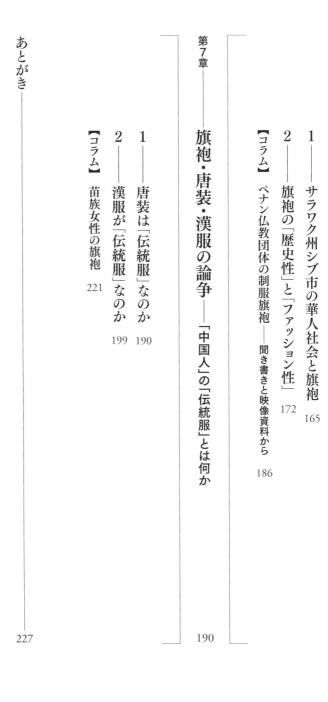

装丁——神田昇和

はじめに

チャイナドレスは、中国語では旗袍《チーパオ》という。日本では、中国女性の「伝統服」と考えている人が多いのではないだろうか。

現に中国では、観光地の土産物店をはじめ、デパートやショッピングセンターでも、観光客向けにさまざまな旗袍を販売している。材質も高級な絹からポリエステルまで、実に多様な種類がある。さらに、現代モードの一環として、中国と海外のデザイナーによる旗袍の特徴を取り入れたデザインも考案され、ファッションショーでもしばしば目にする。そうした意味では、チャイナドレスは、まさに中国を代表する「伝統服」だともいえなくはない。

しかし、中国の女性が日常的に旗袍を着ることはほとんどない。日常着用するのはもっぱら洋服なので、旗袍は現代の中国女性にとって身近でもなければ、かつて着ていた懐かしい服でもない。日本だけではなく欧米社会が抱くような「伝統的な」中国のイメージを旗袍に託す中国女性は、ほとんどいないだろう。

実は、筆者は来日するまで旗袍に関心をもったことがなかった。留学した大学の「異文化の理解」という授業でインドネシアの「民族衣装」といわれているバティック（ろうけつ染めの更紗）と出合ったときに、民族衣装という概念にふれた。そして、旗袍と中国（女性）の民族衣装が結び付けられたとき、それが本当に中国の「伝統服」なのかという疑問をもち始めた。また、日本の和服やインドのサリーなどを見かけるたびに、その疑問は深まっていった。

旗袍は実際には中国の女性になじみがないのに、なぜ国際社会では中国の「伝統服」というイメージが定着しているのだろうか。また、こうした国際社会でのイメージから、一部の中国女性は旗袍を自分たちの「伝統服」

だと意識しているが、それでもあえて着ようとはしない。これはなぜなのか。これらの問いに答えるために、筆者は二〇〇四年に博士論文を執筆し、それをもとに『チャイナドレスをまとう女性たち』[1]という書籍を出版した。

この本では、中国の「伝統服」であり、中国を象徴する服と見なされているチャイナドレス(=旗袍)が、近代化の過程でどのように一般に受容され女性たちを彩ってきたのかを、新聞「申報」や画報雑誌「良友」(良友図書印刷)、「中国青年」(中国青年出版社)などの資料を通して考察した。具体的には、清朝から現代までの歴史を、「社会構造」「女性」「服飾」という三つのテーマを通してとらえ、服飾をめぐる社会変動を明らかにし、旗袍にまつわる「伝統」と「民族」の意味を分析した。

エリック・ホブズボウムとテレンス・レンジャーが提唱する「創られた伝統」(The Invention of Tradition)論(私たちが「伝統」と呼んでいるものの多くは太古から続いてきたものではなく、「近代」の「発明」である)を援用し、旗袍を着用することにまつわるイデオロギーや価値観、「伝統」への従属や拒絶、西洋に対する憧れや民族的なアイデンティティーを読み解くことで、近代中国にとっての「伝統」の意味を、旗袍という服飾形態を題材に考察した。

さらに七年後の二〇一一年に、二冊目の著書『チャイナドレスの文化史』[2]を刊行した。これは、〇九年から一〇年に日本繊維製品消費科学会の学会誌に連載したシリーズ論文「中国のモダン」[3]に加筆・修正したものである。この本では、二十世紀初頭にファッションリーダー的役割を果たした女学生のライフスタイルや、「華」と「洋」のはざまを生きたモダンガールたちの姿、また「女明星」と呼ばれた中華民国期の映画女優たちのカリスマ性など、女性と旗袍との関わり方を描いた。そして、旗袍の流行という現象を通して、魔都上海のキーワードとも言える海派文化と京派文化との相違点やそれがファッションに与えた影響などを論じ、現代上海の原動力にもなっている海派文化の一側面を解明した。

これらの研究を通してわかったのは、旗袍は多様な性格をもつ服飾であるということだ。旗袍は儀礼服として利用する場合もあれば、観光化され、商品化され、懐古的情緒を表す場合もある。また、市場経済のなかで飲食店や娯楽業の従業員の制服として着用する場合もあれば、中国女性を象徴するファッションとしてセクシーな雰囲気を演出するために利用される場合もある。日本のアニメやマンガ、ゲームのようなサブカルチャーでは、チャイナドレス（旗袍）姿の主人公はセクシーな武道の達人というイメージで、若者から人気を得ている。

　こうした多様な性格をもつものは、近・現代中国の服飾史をみても旗袍以外にはない。清朝から現代までの間、旗袍は、用途もデザインもそれを着る者もさまざまに変化し、それに伴って多様なイメージを生み出してきた。しかし、これほど多様でありながら、「旗袍」という呼称は一貫してきた。つまり、旗袍には変化しながらも時空間を超えて共通不変の何かがあるということではないかと考えられる。では、それは何なのだろうか。

　本書では、上海を基点として、そこから海を越えた台湾や東南アジアの華人たちが、旗袍をどのように思っていた（いる）のかを探ってみたい。旗袍は長い歴史のなかで、それぞれの時代の価値観や風俗を反映している。時代ごとの、そして旗袍という呼び名が使われる場所に応じた価値観やものの考え方がどのように投影されているのかを考察していきたい。本書の副題のなかの「思想」とはそうした意味である。

注

（1）謝黎『チャイナドレスをまとう女性たち――旗袍《チーパオ》にみる中国の近・現代』青弓社、二〇〇四年

（2）謝黎『チャイナドレスの文化史』青弓社、二〇一一年

（3）謝黎「中国のモダン――チャイナドレスの物語」1―10、日本繊維製品消費科学会編「繊維製品消費科学」第五十巻第六号―第五十一巻第十二号、日本繊維製品消費科学会、二〇〇九―二〇一〇年

序章——なぜ旗袍（チャイナドレス）なのか

1——問題意識——旗袍をどうとらえるか

「はじめに」で述べたように、筆者はこれまで旗袍（チャイナドレス）の歴史と社会的変遷について研究してきた。

旗袍には「伝統性」「歴史性」「ファッション性」といったさまざまな要素が含まれている。たとえば、満洲人の伝統や中国歴史の一部、またモダンファッションや中国女性の「伝統服」など、状況に応じて強調されるところが違う。では、旗袍という服飾を成り立たせる最小限の「基準」とは何だろうか。実のところ、中国の専門家の間でも旗袍の定義については多種多様な議論がおこなわれ、いまだに「定説」と言われるものがない。

旗袍の定義が決まらないまま、二〇〇〇年代以降、中国国内では「唐装ブーム」や「漢服運動」という現象が起き、何をもって中国人（漢人）の「伝統服」といえるのか、旗袍派と漢服派とで激しい論争が交わされている。ここからは、現在、中国の若者たちの間で「伝統服」や「民族服」に対する関心が高まってきたことが見て取れる。

また、こうした民族主義的傾向とは一歩距離を置いて、ただ単純に旗袍が好きな若者も少なくない。実は現在、民国旗袍（一九三〇―四〇年代の旗袍）は静かなブームになっていて、男女を問わず、その伝統的な縫製技術を学ぶ若者は後を絶たないという。旗袍職人を志しているわけではなく、純粋に趣味として、彼らは民国旗袍の縫製講座に参加し、旗袍職人から伝統的な平面裁断法を学び、男性ならば親しい女性に着せたい、女性ならば自分が着るために作りたい、あるいはただそばに置きたいという思いで習得を目指しているようだ。いわば、民国旗袍のＤＩＹ（do it yourself）が流行しているのである。

旗袍縫製講座の受講者の多くは十代から四十代だが、彼ら／彼女らにとって、旗袍は民族服という感覚ではなく、ただ中国の伝統的な平面裁断が好きで、その方法で作った旗袍に引かれているだけなのだ。だから、こうした旗袍ファンの若者たちは、どういうわけか、漢服や唐装を広めようとする人々を冷ややかな目で見ている。

おそらく民族や伝統といった要素ではなく、旗袍がもつ服飾としての要素が若者たちを魅了したのではないかと思われる。では、彼らにとって、旗袍のどこが魅力的なのだろうか。また、唐装や漢服の支持者との違いは何なのか。旗袍ファンの増加という現象の背後には何があるのかを、本書では明らかにしていきたい。

こうした現象と相まって、旗袍研究の論文も以前と比べると数が増えてきた。だが、内容は縫製技術やデザインの変遷、素材の特徴といった技術やデザイン設計に関するものがその多くを占めている。また、論調も旗袍を賛美するようなものが多く、「伝統服の精髄」や「民族精神を代表する服」といった評価、また「美しい服だから世界中に注目される」「どの国の人でも旗袍を着てみたくなるだろう」というような自国文化の賛美も多く目にする。旗袍に関する新聞記事も同じような論調である。

これらの旗袍研究はほとんどが中国のなかでの旗袍を対象に論じているが、海外の中国人にとって旗袍の存在意義とは何かを問う議論は見当たらない。当たり前のように旗袍を中国の「伝統服」や「民族服」と呼んでいるが、旗袍のどこが「伝統」なのか、何をもって「民族服」といえるのか、漢人以外の少数民族たちは旗袍をどのようにみているか、旗袍の歴史性とファッション性をどう理解すべきか、といった問題は提起されていない。

加えて、中国の旗袍研究には、衣装の社会的位置づけに関わる議論は少なく、ジェンダーやエスニシティーからの視点もまったく欠けているといえる。服としての旗袍はフィジカルなものだが、服は着る人（自己）とそれを見る人（他者）との間の関係を示すことができるものではないだろうか。筆者は、異なる時代と場にあっても旗袍に共通する「何か」を探究したい。この「何か」とはいわば「旗袍の思想」であり、それを明らかにすることが本書の目的なのである。

2――これまでの旗袍研究

中国の旗袍研究では、旗袍の変遷過程を、①清朝以前の満洲人の袍服、②清朝期の「旗人」の袍服、③民国期に流行した旗袍、④香港と台湾の旗袍、⑤現代旗袍の五つの種類に分けて論じているものが多い。[1]

二〇一八年までに発表された旗袍研究論文を網羅的に調べたところ、次のような共通点がみえてきた。それは、旗袍を「伝統服」あるいは「民族服」と見なし、中国文化を誇る服として評価していること、また、旗袍がもつソフトパワーが国家発展のために役立つことが期待されているといった議論である。[2] 旗袍の形の変遷や裁断パターンといったデザイン設計や技術に関する研究が多く、これらの技術をどのように現代社会に応用できるようにするか、また、服飾からみた中国文化の偉大さや、国際社会での旗袍の位置づけなどを論じている。

具体的な論点は次の四つに分類できる。第一に、旗袍の美的な要素は何か、その美をどのように応用できるのか。第二に、民国期旗袍の造形技術は現代社会にとってどこが問題なのか、また、その問題をどのように改良すれば旗袍文化が継承されるのか。第三に、旗袍の地紋や素材の特徴を文化的な符号と見なした場合、現代中国社会でそれをどのように生かせるか。第四に、旗袍デザインの変遷史を通して、中国文化をどのように論じるのか。

つまり、デザイン、技術、造形、柄、素材といった側面から論じることで、旗袍を中国文化の象徴としてとらえ、国家発展に貢献する方向を探ることが研究目的になっているといえる。

参考のため、表1に旗袍や漢服に関する論文をまとめた。これらの研究の論点は次のようになる。

まず、デザインに関しては、旗袍の特徴を示すのは、紐ボタン、立て衿、スリット、右衿《うじん》の四つだと分析している。[4] 素材については、北京服装学院民族博物館所蔵の旗袍をもとに、生地の種類と特徴に焦点を当て、それがどのようにして「伝統から現代へ」と変遷したかを明らかにした論文や、素材の変遷史をたどることで現代旗袍の生地の問題点を指摘し、創新と応用の技術を提案した研究が見受けられる。[5]

技術に関しては、民国旗袍の製作工程と縫製法を現代の服飾設計技術に取り入れることを目的に、旗袍の製作と応用技術に焦点を当てて考察した論文[6]のほか、旗袍を「民族服」としながらも、民族に関する議論をおこなわずに作り方や素材、文様といった側面から書いた論文がある。たとえば、張茹茵は満洲の旗袍を事例に、材質・色・文様・造形・技術の側面から、満洲族の歴史を背景とした漢人社会の衣服文化との関わりを論じている。[7] また、「民族服」としての「服飾芸術」という視点から、ベトナムのアオザイと比較し、それぞれの起源や変遷をたどったうえで、デザイン、素材、色彩、アクセサリーとのコーディネートなどを通して比較する研究もある。[8]

記号学の観点から旗袍の流行を分析した論文もある。現在は旗袍を日常的に着用する人がほとんどいないのはなぜなのかを問い、娯楽業（レストラン、カラオケなど）に使われている制服旗袍の影響や日常生活に合わないことなどをその理由としてあげたうえで、どうしたら現代の流行に合ったものにシフトできるかを考察している。[9]

そのほかに、数は少ないが、旗袍を女性解放の視点から論じた研究もある。たとえば、大衆雑誌「玲瓏」（華商三和公司出版部、一九三一―三七年）に掲載された広告や写真から、一九三〇年代上海の知識人女性たちが着ていた旗袍のデザインの変遷をたどり、旗袍は中華民国期の新女性（舞台女優や映画女優をはじめ、職業女性、女性教師・女子学生など時代の先端に立つ女性をこう呼んだ）の服と位置づけ、それを女性解放の象徴として論じている。[10]

また、現代の婚礼服に民国旗袍のデザインがどのように採用されているのかを、構造、造形、色彩、素材、装

表1　旗袍や漢服に関する修士論文のリスト（年代順）

年	筆者名	論文名	大学名
2004	秦方	20世紀50年代以来中国服飾変遷研究	西北大学
2005	陳婷	微風玉露傾、挪歩暗生香、追述民国年間旗袍的発展	四川大学芸術学院
2005	湯新星	旗袍審美文化内涵的解読	武漢大学
2006	関紅	旗袍与“三寸金蓮”	中央美術学院
2007	佟志軍	旗袍在現代社会的地位及創新性研究	蘇州大学
2007	李玉婷	現代服装設計中伝統服飾元素的応用	清華大学
2007	刘建萍	面料熱塑性対旗袍塑型方法影响的研究	天津工業大学
2007	佟志軍	旗袍在現代社会的地位及創新性研究	蘇州大学
2008	李青	中国伝統図案在現代服装設計中的運用	蘇州大学
2008	陳慧君	旗袍之美在服飾文化中的体現与運用	湖南師範大学
2008	許莉莉	中国元素在中式服装展示設計中的応用	江南大学
2008	鞠萍	民国時期審美観与上海女性美容装飾1927－1937	華中師範大学
2008	謝金伶	20世紀二三十年代北京服飾研究	首都師範大学
2009	左宏	海派旗袍紋様研究	南京芸術学院
2010	彭勃	従“月份碑”広告看民国女性服飾審美意象的構建	湖南工業大学
2010	高明君	旗袍設計伝承満族旗装元素的研究	東北師範大学
2010	邢婧	略論女性身体与民国上海“摩登”文化意象的関係――以月份碑摩登女性形象為例	復旦大学
2010	初艶萍	20世紀20－40年代改良旗袍与上海社会	人文与伝播学院
2010	李晰	漢服論（博士論文）	西安美術学院
2011	許仲林	清末民初女装装飾工芸研究	安徽工程大学
2012	李方賢	民国時期美術作品中的女性形象研究	河南師範大学
2012	鄭麗霞	“文革”時期女性服飾問題研究――以北京地区為例	首都師範大学
2012	房嫒	漢服運動研究	陝西師範大学
2013	汪文静	《婦女雑誌》的民国女性視覚文化研究1915－1931	西南大学
2013	劉思源	論月份碑広告画対民国旗袍流行的影響	北京服装学院
2014	趙蓓紅	民初上海女性生活状態研究――以《婦女時報》為中心	上海師範大学
2014	馬勝亮	“服”以載道――漢服的文化内涵研究	湖南工業大学
2016	崔雯雯	与伝統和現代対話――漢服迷的在線文化実践研究	安徽大学
2017	孙婷婷	旗袍之美及其在視覚伝達設計中的応用研究	山東师范大学

飾、コーディネートなどの側面から考察し、婚礼服としての旗袍のデザインを提案している論文もある。(11)

3——本書の構成

本書は次のような構成で論を進める。

第1章の「旗袍の由来」では、旗袍の定義について論じる。また、満洲人の袍服と漢人の袍服の違いは何か、社会的身分差を具現化した袍服（ワンピース型）と「上衣下裳」（ツーピース型）の違いを論じる。清朝末から民国初期の中国社会では、ワンピース型の「長着」（一截衣）は、上流階級と庶民とを区別する目印になっていた。また、民国旗袍のひな型としての「新型旗袍」は、当初「女らしさ」を表すものではなく、男性知識人をまねることから始まっていたことも明らかにする。さらに、「旗」の意味や、「旗袍」という呼び名に潜んでいる異民族への包容性などにも触れる。

第2章の「旗袍と身体」では、女性の「身体」が「発見」され、とくにエリート男性によって「国を救う」ために女性の身体観が改革されていく過程を描く。こうした身体観の変化に伴って、服飾に変化が生じ、そこから男女の力関係にも変化が起こった。その変化を顕在化したのはモダンファッションとしての旗袍とモダンガールの出現だった。女性服の変化はまず、足と靴、そして下着から始まった。纏足の廃止とハイヒールの登場、西洋風の下着の着用は外衣の旗袍の改造にも至った。このような女性身体の解放は、女性自身の意思で始まった部分もあったが、エリート男性が国家改造の一環として主張した面もあったため、国家を優先した新たな女性身体の規定を推し進めたとも考えられる。

第3章の「旗袍とジェンダー」では、モダンガールを軸に、一九二〇年代から三〇年代に上海で流行した旗袍と女性の社会進出について論じる。モダンガールのイメージについて分析すると同時に、当時新たに出現した職業女性を蔑視する「花瓶」という呼称を通して、「女性性」を消費する大衆社会と、モダンガールのなかに「女性の魔力」をみた男たちの不安について描く。新たに生まれてきた「女らしさ」の感覚と旗袍とはどのような関係にあったのか。『女優日記』[12]という個人の記録を史料にして、モダンガールの代表だった上海の女優は旗袍によってどのように自分の魅力を表現していたのかを、当事者の記録から考察する。

第4章の「旗袍とセクシュアリティー、そして革命」では、旗袍を通して中国社会のジェンダーについて述べる。中国では歴史上、「女着男装」という現象がたびたびみられる。民国初期の新型旗袍や文化大革命期の軍服にもその傾向がみられる。厳格な儒教的規範があるにもかかわらず、「男女混装」の現象がなぜしばしば起きるのか。ジェンダーやセクシュアリティーについての議論は、これを説明するうえでどこまで有効なのか。男物の長衫から派生した新型旗袍が「女らしさ」を表す海派旗袍に改造されて大流行したあと、文化大革命期（一九六六―七六年）には旗袍が姿を消したのはなぜなのか。中国に根強い男女混装現象を鍵に考える。

第5章の「海を渡った旗袍1――台湾の華人社会と旗袍」では、台湾の華人社会にとって旗袍とは何かを述べる。植民地台湾の旗袍は、単なる都市大衆文化の産物や消費文化を享受するファッション、あるいは「中国人」の民族性を象徴する記号として作用したなどという見方がされてきたが、そうした機能的解釈だけでは説明しきれない部分がある。台湾の旗袍にみられる、ファッション性と民族象徴性の間の「ねじれ」について分析する。

第6章の「海を渡った旗袍2――マレーシアの海峡華人と旗袍」では、十九世紀後半から現在までのマレーシア華人社会で旗袍と華人アイデンティティーはどう関わっているかを検討する。旗袍はファッション性と同時に政治性も帯びた服飾で、華人は中国の歴史と伝統を感じさせるものだと考えている。マレーシアで華人である自分を表現したいときに身に着けるのが旗袍だが、その一方で、中国人ではなく、マレーシア人である自分を表現したいときにはまったく別の服装を選ぶといったように、アイデンティティーとファッションはどう関連しているのかを探っていく。

第7章の「旗袍・唐装・漢服の論争――「中国人」の「伝統服」とは何か」では、中国人（漢人）にとって

「伝統服」とは何かについて論じる。APEC（アジア太平洋経済協力会議）唐装、漢服、旗袍を取り上げ、それぞれの服装のどこが「伝統的」なのかを比較し、現代中国の「伝統」や「民族服」のあり方について考える。中国には五十六の民族がいるとされるが、漢族だけが自分たちの「伝統服」あるいは「民族服」が何かを明確にいえない。現在、中国では「国服」の議論が起きているが、その議論の中心に「旗袍派」と「漢服派」がいて、両者は互いに「自分こそが正統である」と主張しているが、いまだに決着がついてない。

本書は時代とともに変化する多様な旗袍像を取り上げると同時に、過去一世紀半にわたる中国内外の華人社会における「女性性」と「社会性」との関わり方を考える。服飾研究の場合、流行性（ファッション性）については多くが語られてきたが、身体性・女性性・社会性という枠組みでの議論はいまだに少ない。

旗袍はモノだから、自分では歴史を語ることができない。だが、旗袍を着る人（自己）とそれを見る人（他者）との関係を可視的に表すことができる。本書は異なる時空間を対象にすることで、旗袍に隠された共通する「何か」を探ってみたい。この「何か」が本書で述べる「旗袍の思想」であり、従来の中国の旗袍研究にはない新たな意義ということになるだろう。

注

（1）劉瑜『中国旗袍文化史』上海人民美術出版社、二〇一一年

（2）姚暁晗「我国当代女性設計的発展現状研究」南京航空航天大学修士論文、二〇一五年、三四ページ

（3）袷は表地に裏地を縫い合わせた衣服、衽は前身頃を十分に打ち合わせるために縫い足す別裂、衿・襟・領は衣服の首回りの部分とそこにつけた縁取りの名称（文化出版局編『服飾辞典』文化出版局、一九七九年、三五、九六、一〇七ページ）。

（4）孫抗「旗袍創新設計研究与実践」武漢紡織大学修士論文、二〇一七年、五二ページ

(5) 沈征錚「民国時期旗袍面料研究」北京服装学院修士論文、二〇一七年、四八ページ
(6) 蔣音理「中国旗袍的設計元素分析与当代応用研究」浙江農林大学修士論文、二〇一三年、六三ページ
(7) 張茹茵「吉林省伊通満族博物館旗袍研究」中央民族大学修士論文、二〇一七年、七四ページ
(8) 蔡珍珍「旗袍与奥黛比較研究」太原理工大学修士論文、二〇一四年、七七ページ
(9) 朱紹衡「符号学視覚下旗袍在国内的〝流行〟研究」上海師范大学修士論文、二〇一四年、四三ページ
(10) 黄梓桐「「玲瓏図書雑志」中的改良旗袍研究」中央民族大学修士論文、二〇一七年、一一五ページ
(11) 唐成俏「民国旗袍影響下的当代婚礼旗袍研究」長春工業大学修士論文、二〇一七年、五一ページ
(12) 雪映『女優日記』上海良友図書印刷公司、一九三四年

第1章——旗袍の由来

1——袍服の歴史

中国服飾史のなかの袍服

日本でチャイナドレスと呼ばれる服は、中国では一般的に旗袍《チーパオ》ということはすでに述べた。中国服飾史の定義では、足首まで届くほど袷《あわせ》が長い服を「袍服《ぼうふく》」と呼び、旗袍も袍服に含まれる。まず、中国服飾史での袍服の歴史について簡単に述べておきたい。

中国服飾の基本形態は二つある。一つはワンピース型の「衣裳連属制」（図1）であり、もう一つは、ツーピース型の「上衣下裳制」（図2）である。袍服は「衣裳連属制」に属している。一般的には、ワンピース型の袍服は上流階級の男性エリートが身に着けることが多く、上下に分かれた型の服は、庶民である労働者や老人、女性、子どもが着ることが多い。

西周初期から春秋時代（紀元前二〇〇年ごろ—紀元前七七〇年ごろ）に書かれた『詩経・秦風・無衣』によると、

図2　ツーピース型の「上衣下裳制」
（出典：包銘新『近代中国女装実録』東華大学出版社、2004年、117ページ）

図1　ワンピース型の「衣裳連属制」（筆者所蔵）

図3　漢人の袍服
（出典：黄能馥／陳娟娟『中華歴代服飾芸術』中国旅游出版社、1999年、263ページ）

ワンピース型の袍服は少なくとも、周代（紀元前一〇四六年ごろ―紀元前二五六年ごろ）には軍隊で着用していた。その後、漢人、モンゴル人、満洲人など、さまざまな民族集団の間に広まり現在に至っている。中国の伝統的な平面裁断法で作られている袍服は、刺繍などの装飾から、性別や年齢、身分がわかるようになっていたが、こうした装飾を除くと、形に明確な男女差はなく、漢人も満洲人も老若男女がみな基本的に似たような袍服を着ていた。また、満洲人の風習として、袍服の上に馬褂《マークア》という上着を着るのが普通だったが、のちには漢人男性もこのスタイルを取り入れるようになった。

しかし、同じ袍服といっても、漢人と満洲人には四つの点で違いがある。

第一に、漢人の袍服は垂れ首型（交領）で左右対称の前衽（対襟）をもつ（図3）のに対し、満洲人の袍服は、丸い衿で前身頃が大きい（図4）。この丸い衿を使うことで、袍服を人体にぴったりと沿わせることができるため、機能的で防寒機能が高くなり、漁労遊牧をおこなう騎馬民族の生活に適した服になったのである。

第二に、漢人の袍服は腰に一本の帯を巻いて留めておくのに対し、満洲人の袍服は体に沿ってボタンで留める。

図4　満洲人の袍服（筆者所蔵）

図5　漢人の袍服
（出典：前掲『中華歴代服飾芸術』261ページ）

ボタンを使うことで、動いても袍服が体からずれなくなった。これは、騎馬民族の生活様式から必要な機能を求めた結果といえるだろう。

第三に、漢人の袍服は、袖口が大きくて、全体的にゆったりとしている（図５）。それに対して満洲人の袍服は、体にフィットした形をしていて、袖口は細く、スリットを入れたりボタンを付けたりしている。これもまた騎馬民族ゆえの特徴といえる（図６）。

第四に、漢人の袍服は裾にスリットのないものが多く、

図6　満洲人の袍服
（出典：楊源主編『中国服飾百年時尚』遠方出版社、2003年、40ページ）

あっても左右だけだった。一方、満洲人の袍服は、身分によって左右だけではなく、前後にもスリットを入れてある。前後左右のスリットは、平面裁断法で作られた縫い目がない一枚の布を四枚の布に分けるから、馬に乗るときにじゃまにならず、足の保温効果もあるという(1)。

しかし、この生活様式から発生した服装の型も、清の時代の安定期になると機能性よりも社会的な身分を表す機能に変わっていった。満洲人の袍服のスリットの数は身分によって決まっていた。官吏は左右に二つ、皇族は左右前後に四つあるのに対し、平民の袍服にはスリットがなかった(2)。

このように漢人と満洲人の袍服には違いがあるが、共通点もある。平面裁断法で作られていることや、着用者の年齢や性別に明確なデザインの違いがないことだ。

細部の特徴には、時代や地域、民族によって相違点がみられるが、中国の長い歴史のなかで袍服が広く着用されたことは間違いないといえる。三百年近く続いた清朝期（一六一六—一九一二年）の満洲人の袍服には、着る者によって異なる特徴があった。

たとえば、丸い衿（円領）や紐ボタン（盤扣）、細い袖（窄袖）、スリット（開衩）などだが、紐ボタンとスリットは、その後に現れたハイネック（立領）とともに、チャイナドレス（旗袍）の最も典型的な特徴になっていった。

こうした特徴は「社会的身分の可視化」の機能を果たしていた。

中国の場合、「身分」は、日本の「士農工商」のような世襲的・固定的な制度とは異なるもので、「身分」よりは「分」という語がよく使われる。たとえば、「主僕之分」「士庶之分」「良賤之分」など、上下関係を表すさまざまな「分」は、互いに錯綜しながら中国社会の全体を覆っていた[3]。「主人と下人」「士大夫と庶民」「良家と賤民」を区別する「士・庶」「良・賤」といった語が「社会的身分」を表していたが、それを外見で示すのが「衣服」だった。身に着けているものが「可視的な指標」として、その人の「身分」を示したのである。

たとえば、地位の高い男性が着る袍服はワンピース型と決まっていた。これは「一截衣」と呼ばれ、ツーピース型の「二截衣」とは明確に区別された。小説家の張愛玲[4]はこの「一截衣」と「二截衣」の違いについて、エッセー「更衣記」のなかで次のように指摘している。「一截衣」とは上流階級の「士大夫」の袍服であり、庶民の女性や老人、子ども、漢人男性の労働者は「上衣下裳」の「二截衣」[5]を着る。袍服は「衣服」だが、同時に「知識人」「男性」「上流階級」といった社会的身分の象徴なのである。この衣服がもつ「可視的な指標」がのちに民国旗袍を生み出す要因になった。

ところで、袍服はもともとは満洲人の衣服だったが、この集団はどのように形成されたのだろうか。まず、清朝期に旗袍を着用していた満洲人の由来について述べておきたい。

「旗女」の袍服

いまから三千年前の中国東北部には、「粛慎人《シュクシンジン》」と呼ばれる人々が住んでいた。彼らは漢（紀元前二〇六―二二〇年）や戦国時代（紀元前四〇三―紀元前二二一年）は「挹娄人《ユウロウジン》」、南北朝時代（四三九―五八九年）は「勿吉人《ウージイジン》」、隋（五八一―六一八年）や唐（六一八―九〇七年）の時代は「靺鞨人《マッカツジン》」、宋（九六〇―一二七九年）、元（一二七一―一三六八年）、明（一三六八―一六四四年）の時代は「女真人《ジョシンジン》」と呼ばれていた。(6)「女真人」は明の時代に「建州女真」や「海西女真」として、中国の東北地域にある長白山やアムール川流域、ウスリー川流域といった寒い地域に暮らしていた。

彼らは漁労や狩猟を生業にしていたが、東北から西や南へ徐々に居住地域を拡大するにつれて、農耕と遊牧中心の生活へと変わっていった。寒冷地での生活のために、防寒性に優れた厚地で、体全体を覆うような丈の長い服を常用した。つまりワンピース型の袍服は、彼らにとって環境に適した衣類だったのである。

この女真人が満洲族の先祖である。やがて「女真人」は、周辺の漢人やモンゴル人と共同生活を営むうちに徐々に彼らと融合していき、「建州女真」のヌルハチ（清朝の初代皇帝）が各地に分散していた「女真人」を統一した。一六三六年に二代目の皇帝である皇太極が「女真人」全体をさす名称として「満洲人」の語を使い、これによって新たな「民族共同体」が誕生した。だが実際には、満洲人の集団は女真人を主体とはしていたが、一部に漢人やモンゴル人も含まれていた。

一六四四年に騎馬民族である満洲人が、漢人が統治する明朝の滅亡で侵入し、国号を清と定めた。その後、清朝政府は「八旗制度」という政治・経済・軍事を管理するシステムに基づいて二百六十八年間にわたって中国を支配することになる。八旗は主に満洲人によって支えられていたが、一部のモンゴル人や漢人なども行政組織に組み込まれていた。八旗に属する人々は「旗人《きじん》」といい、清朝の貴族だった。しかし、漢人の間でも旗人と称される人々と「民人」と呼ばれた人々では身分が違い、両者を差別化するさまざまなルールがあった。たとえば、両者間での土地・家の売買や通婚は禁止されていたし、犯罪の処罰でも旗人と民人では異なる法律が適応されていた。一方、旗人の間では、満洲人、漢人、モンゴル人などの出自集団には制約されず、互いに通婚が認められていた。旗人の家族の女性成員は旗女《きじょ》と呼ばれ、彼女らが身に着けていたワンピース型の袍服は旗袍と呼ばれていた。これが現在のチャイナドレスの原型である。

旗人が中国を統治した三百年あまり、満洲人の女性は旗袍の材質から縫製技術まで漢人の文化を取り入れて変化させていった。朝廷は漢人の風習をまねてはならないと禁止令を出したものの効果はなかった。満洲人と漢人は互いに影響しあいながら、独自の服飾文化を形成していったといえる。

このような社会背景の下で、旗袍は変化していった。清朝前半（一六一六―一七九五年）の旗袍は機能性や実用性を重視していたが、徐々に華麗で繊細なデザインへと変わっていった。だが、清朝末期になると、満洲人を排除する風潮のなかで、旗袍のデザインや装飾はシンプルになっていく。こうした変化は、次の中華民国期（一九一二―四九年）に登場するモダン旗袍の前兆ととらえることもできるかもしれない。

男性知識人を模倣した漢人女性の旗袍

女性の旗袍は、清朝末期の満洲人を排除する風潮のなかで、漢人女性たちに受け入れられたあとに、民国期旗袍として大流行した。旗女が着るもともとの旗袍はゆったりしたものだったが、民国期にはスリムなシルエットに変化した。では、このモダン旗袍はどのようにして生まれたのだろうか。

清朝末期から民国初期（一九一二―二七年）の中国社会では、旗人は、政治や経済といった社会の中心から追放された人々だった。彼らは、かつての社会的地位や財力とともに貴族の身分も失っていた。貴族から平民になった彼らへの社会的なイメージは、「時代遅れの人々」だった。それなのに、なぜ当時の時代の先端にいた女性たちは、わざわざ時代遅れのイメージがあった「旗女」の袍服を身に着けるようになったのだろうか。

一九三〇年代から中国全土に流行した旗袍は、単純に「旗女の長い袍服を簡略にしたもの」とはいえない。この民国旗袍には、さまざまな社会的な要素が入り込んでいる。その一つに男性の袍服の一種である「長衫」がある。長衫は長江の南の地域での旗袍の呼び方で、いまでも東南アジアの華人社会では、旗袍を cheongsam（長衫）と呼ぶことがある。

長衫は男性の服だが、清朝期の旗女の旗袍が民国期のモダンガールの旗袍へと変化する過程で、両者を橋渡しする役割を果たしたといえるだろう。

清末期になると、かつて華麗な刺繍や色とりどりのテーピングがあった旗女の袍服が、徐々に装飾を排したものになっていった。同様に、旗人男性の袍服にも変化が起きていた。中国服飾史研究家の黄能馥によると、清朝初期(一六一六—一七三五年)には袍服の裾丈はくるぶしまでの長さだった。順治末期(一六五六—六一年)になると膝までに短くなって、その後、清朝末期に再びくるぶしまでの長さに戻った。また、清朝中晩期(一七三六—一九一一年)にはゆったりとした袍服が流行したが、日清戦争や「義和団の乱」のあとは、体にフィットした西洋服のデザインの影響を受け、中国式の袍服も体に沿ったスリムなラインに変わっていった。裾丈はくるぶしまである一方で、袖は細く短くなり手首までの長さになった。また、以前はゆったりした身幅があったためヒップラインは袍服に隠れていたが、細身になると歩くと腰のラインがわかるようになったばかりか、しゃがむと服が破れそうになることさえあったという。(7)

このように、社会変化とともに旗女の袍服だけではなく、男性旗人の袍服もシンプルなものへと変わっていくなかで、「長衫」が現れたのだ。もちろん、長衫も旗人の袍服に由来したものだ。だがこの時期の長衫は、男性一般の衣服として定着していたから、「ある特定の民族に属する男性の服」という意味をもたなくなっていた。

このように「長衫=男性の服装」というイメージが通用していたこともあって、変革期の社会では進歩的な女性たちが長衫を着た。長衫を着ることで男女平等を示そうとしたのである。「女着男装」(女性が男装を着る)という社会的現象の背後に、女性の自我に関わる「思想」が隠されていたのだ。

清朝末期から民国初期(一九一二—二七年)には、一般に漢人女性はツーピース型の上衣下裳を、男性はワンピース型の袍服を着ていた。男女平等を訴える女性たちはまず衣服の革新から始めたのだった。新しい時代の女性たちにとって、ワンピース型の「一截衣」とツーピース型の「二截衣」のどちらを着るかは、「原則的な問題」になった。(8) こうした女性たちは、男性が着る「一截衣」を改良して自分たちの服装とした。ここに「新型旗袍」のひな型(図7)が誕生したのである。このように、のちに女性の服として大流行になった旗袍は、実は新しい女性たちが男女平等と女性解放を求めた結果として生まれた、「闘争のファッション」ともいうべきだったのである。

清華大学美術学院の朱小珊によると、旗袍の本来の始まりは、記録をたどると「女着男装」だったという。「愛国、進歩、民主、科学、平等」の思想に影響された中国女性たちは、男女平等と女性解放を求めて行動し、

図7　新型旗袍のひな型
（出典：素素編『浮世絵影――老月份牌中的上海生活』生活・読書・新知三聯書店、2000年、23ページ）

旗袍はその象徴だった[9]。

張愛玲の「更衣記」のなかにも、辛亥革命（一九一一―一二年）後の旗袍流行について、以下の記述がある。

「五族〔漢族・満洲族・蒙古族・回族・チベット族のこと：引用者注〕共和のあと、全国の女性が突然に一斉に旗袍を着るようになったのは、べつに清王朝に忠誠心を示すことでもなく、古い時代に戻ろうとすることでもない。女性があえて男性をまねすることに理由があったのだ。なぜならば、古くから中国女性の代名詞は「両截穿衣」であるからなのだ[10]」

男性の服装を模倣した旗袍は、西洋ファッションとの関わりも深かった。二十世紀初頭の西洋では、男物の服のデザインに近い、フィットした流線形（Aライン）の服が女性に好まれていた。第一次世界大戦中、戦地に駆り出された男性にかわって女性がさまざまな分野で活躍するようになったことも変化の一因だったが、当時は自動車や摩天楼の建築物などにみられるように流線形が人気だった。これには現代芸術（アールデコやアールヌーボー）の影響もあったとみられるが、そうしたことから西洋の女性ファッションでは流線形が流行していたのであ

図8　民国初期女性旗袍と男性の長衫、形が似ている
（出典：「龔礼田及夫人陳楽如女士儷影」「北洋画報」第688期、北洋画報社、1931年）

る。

こうして、新しい女性の意識を反映したAラインの新型旗袍が現れた。男性的なイメージを意識したことから、初期の旗袍は硬い印象を与える、ウエストを絞らないものが多かった。現在われわれが思い浮かべるセクシーな服ではなく、むしろ「女性美」を押し殺しているかのようなデザインだった。

このように、中国の伝統文化と西洋文化が衝突する大都市では、女性の社会的地位や社会的身分の自覚にも大きな変化がみられたのである。民国期に、進歩的な女性たちが「長衫」を選んだのは、いわゆる「女装」である旗女の袍服を継承したのではなく、男性と対等になろうとしたことが大きな動機だったといえるだろう。

台湾の著名な服飾専門家の王宇清は『歴代婦女袍服考実』のなかで、旗袍と長衫の関連性について次のように言及している。「若い女性たちは相次いで袍服や長衫を着るようになった。これらの服を「旗袍」と呼んでいる。しだいに、女性袍服の流行が、全国へと広がった(11)」

「女着男装」は、女性解放運動の先駆ともいえる行為、何千年も受け継がれてきた「男尊女卑」の封建的観念への抗議だったととらえることもできる。清朝期の「旗女」の袍服も、民国期男性の「長衫」も、旗人の袍服に起源をもつので形はよく似ている。民国初期の女性旗袍の造形は、直線的で平べったく、シンプルなのが特徴だったので、当時の男性の長衫と大きな違いがなかったのである（図8）。

確かに、民国期の旗袍が男性の長衫から派生したものだとは断言できない。それでも旗袍の変遷のプロセスには、男性の長衫の影響があったことは明らかである。

このように民国初期の旗袍には男性性のイメージが仮託されていた。その後、旗袍は曲線を強調した「女らしさ」に重点が移り、柔らかくて美しいイメージの衣服になった。初期の旗袍がもっていた革新や反逆の精神は忘れ去られていったのである。

2——旗袍の定義

旗袍の定義をめぐる議論

中国の大型総合辞典である『辞海』では、「旗袍」という語を次のように解説している。「旗袍は満洲族の服であり、満洲語で「衣介《イジェ》」という。もともとは清朝期の満洲人女性の服だったが、辛亥革命後、漢族女性も広く着用するようになった。その後、絶えず改良した結果、立て衿、右衽、細いウエスト、膝下までの裾丈、両脇にスリット、長袖や半袖の区別がある、といった一般的特徴をもつ[12]」

しかし実のところ、中国の専門家の間では、旗袍の定義については多種多様な議論がおこなわれ、いまだに「定説」と言われるものがない。議論は主に二つの点に集中している。

一つは、清華大学美術学院の袁杰英が主張する説で、旗袍は西周時代の服の形をもとに清朝期に満洲人が発展させた、直線形を基本とする服装だという定義である。清朝期は、満洲人を「八旗」や「旗人」と呼んでいたため、彼らが身に着けていた服を「旗装」（旗人の服装）と呼んでいた。そのなかでも、とくに旗人の女性が着ていた袍服は「衣介」（袍服の満洲語読み）といわれた。この「衣介」は、西周時代の麻で作られた筒形の服から発生し、元代のモンゴル人女性の長い服のスタイルの影響を受けながら、直線形という基本型になった。この服飾のスタイルを「旗袍」と呼ぶというのである[13]。

もう一つは東華大学の包銘新が主張する説である。包はその著書『中国旗袍[14]』と『近代中国女装実録[15]』のなかで、「旗袍」と「旗女の袍」を区別し、清朝期の女性旗人が着ている袍服を「旗女の袍」と定義する。さらに、清朝期を前期と後期に分けて、それぞれの時期の「旗女の袍」の特徴を指摘している。前期の袍服は、騎馬の生活様式に合わせて、細長く身体にフィットしたシルエットで、袖口も小さく、装飾はシンプルだった。しかし、後期になると、農耕定住の生活様式を取り入れて、比較的安定した生活を送るようになったため、ゆったりとしたスタイルで、装飾も過剰になった。しかし、清朝期の旗袍はあくまでも「旗女の袍」である。現在われわれが「旗袍」と呼ぶ服は、辛亥革命後の民国期に現れたものなので、民国期の女性の服に限るべきだというのが、包の主張である。(16)

包は「旗袍」の定義を、「中国民族の特色をもつワンピース型の女性服で、清朝期旗人の袍服に由来し、のちに変遷して形成したものだが、古代袍服の影響も受けながら、近代になってから流行するようになったものであ

図9　新型旗袍（著者所蔵）（浜田久仁雄撮影）

図10　海派旗袍
（出典：楊源主編『上海服飾時尚』遠方出版社、2003年、13ページ）

る。中国伝統的な絹織物を材料とし、伝統的な縫製技術を用いていて、衿の高さ、袖の長さ、裾丈の長さ、スリットの深さといった特徴は常に変化し、さまざまなデザインがある」[17]としている。

この二つの説からわかるように、旗袍をいつから存在するかとすることで定義が変わる。つまり、清朝期の旗人の衣服を旗袍と呼ぶのか、民国期に流行したモダン旗袍だけを旗袍と呼ぶのか、あるいは両者を合わせて旗袍と呼ぶのか、ということになる。

こうした解釈をふまえると、旗袍の定義は広義と狭義の二つに分けて考えることができる。広義には、清朝期の旗人に由来する旗袍も、辛亥革命後の民国期に大流行したモダン旗袍も、現代中国の創作旗袍もすべて「旗

図12　現代旗袍
（出典：「CHAI」2007年秋号、中文産業）

図11　改良旗袍
（出典：葉立誠『台湾服飾史』商鼎数位出版、2014年、129ページ）

袍」と呼ぶことができる。狭義の場合は、民国期に漢人女性に流行した旗袍をさす。本書では歴史的背景を論じるために、前者の広義の定義に従うことにする。

本書では、時代によって異なる呼び方をすることでそれぞれを区別する。清朝期の旗人や旗女の旗袍は「伝統旗袍」(図1)と呼ぶ。また、民国期に流行したモダンファッションの旗袍は時期によって、「新型旗袍」(図9)(一九一〇―二〇年代)、「海派旗袍」(図10)(一九三〇―四〇年代)と呼ぶ。そして、中華人民共和国成立から改革開放期まで(一九五〇―七〇年代)の旗袍を「改良旗袍」(図11)(主に台湾や香港の旗袍をさす)、改革開放期以降(一九八〇年代―現在)の旗袍を「現代旗袍」(図12)と、呼ぶことにする。

これらの呼び方は、中国では一般的だが、研究者によって時代区分に少しずれがあり、曖昧なところがある。たとえば、「改良旗袍」は、研究者ごとに使い方がかなり異なる。そもそも「改良」という言葉の意味は、古い部分を直し、新しい技術やデザインを加えることを意味しているから、清朝期の古いものと比べれば、民国初期の「新型旗袍」も「改良」といえる。また、西洋文化の影響で縫製技術が変化してから作られた「海派旗袍」も、「新型旗袍」の「改良」とみることもできる。つまり、古い部分を修正し、新しい手法を取り入れて作られた旗袍はすべて「改良旗袍」といえるわけで、この呼称は曖昧である。そのため、「海派旗袍」も含めて「改良旗袍」と呼ぶ人もいれば、大陸中国では文化大革命期には着用されなかったために台湾や香港の旗袍だけを「改良旗袍」と呼ぶ研究者もいる。こうした曖昧さを残すことになるが、あえて、本書では前述のような分類で呼ぶことにする。

異民族を包容する旗袍

旗袍を広義でとらえることのメリットは、歴史的背景が問えるという点にある。

筆者がずっと旗袍に関心をもち続けた理由の一つは、実はこの旗袍という呼称自体にある。何百年にもわたって旗袍という名の服装が存在し続けている理由に興味をもったからである。旗袍を身にまとう女性たち――清朝期の旗女、民国のモダンガール、現代中国の女性、世界各地の華人社会の女性——は、時代や所属する社会集団や、旗袍のデザインがそれぞれ異なっても、同じ「旗袍」を着ていると認識されているからだ。

旗袍の「旗」は、確かに満洲の社会制度を表す語ではあるが、旗人と呼ばれた者のなかには漢人やモンゴル人も含まれていたことから、それは「中華」という柔軟なシステムに属す服装の概念だった。その「おかげで」この服は「歴史的連続性」を「獲得」したといえる。また、旗袍の「袍」は、前述のように、古い時代の袍服から継承されたスタイルであることを示し、その起源は西周時代にまでさかのぼることができる。つまり、旗袍という呼び方そのものは、中国の長い歴史を伝承して反映しているといえるだろう。

では、この旗袍という呼び名は、いつ、どのように現れたのだろうか。このことを「民族」的な視点から考えてみたい。

旗袍の「旗」は、清朝期の「八旗制度」に由来することはすでに述べた。確かに、清朝の統治者は満洲人であり、「八旗制度」と聞くと、満洲人が思い浮かぶ。だが実は、当時「八旗」に属する人々のなかには、満洲人以外に、漢人やモンゴル人など「非満洲人」も少なくなかった。清朝の統治者は政権を維持するために、「非満洲人」の文化も取り入れたから、漢人たちも「八旗子弟」に冊封され、満洲人と同等の待遇を享受していた。

このように、いわゆる「八旗子弟」のなかには漢人出身者も大勢いたのであって、清朝の社会層を民族で単純に区分するのは必ずしも適切とはいえない。当時、満洲人やモンゴル人、漢人など、出自が違う人々が「八旗」に属して旗人を構成していた。

「旗」という呼び名には、「同類」(満洲人だけ)も「別類」(漢人やモンゴル人など非満洲人)も含まれていたのである。「旗袍」ではなく、「満袍」という名称だったとしたら、漢人やモンゴル人など「非満洲人」はこの衣装を着なかったのではないか。「旗袍」という名称には、それが「満洲人でもあり、漢人でもある」(「亦満亦漢」)という「民族融合」の産物であることを示しているといえる。[18] だからこそ旗袍は、民国初期の漢人女性にも受け入れられたのだ。異なるエスニック集団も包容する「旗」という語が使われていたからこそ、時代とともに旗袍の

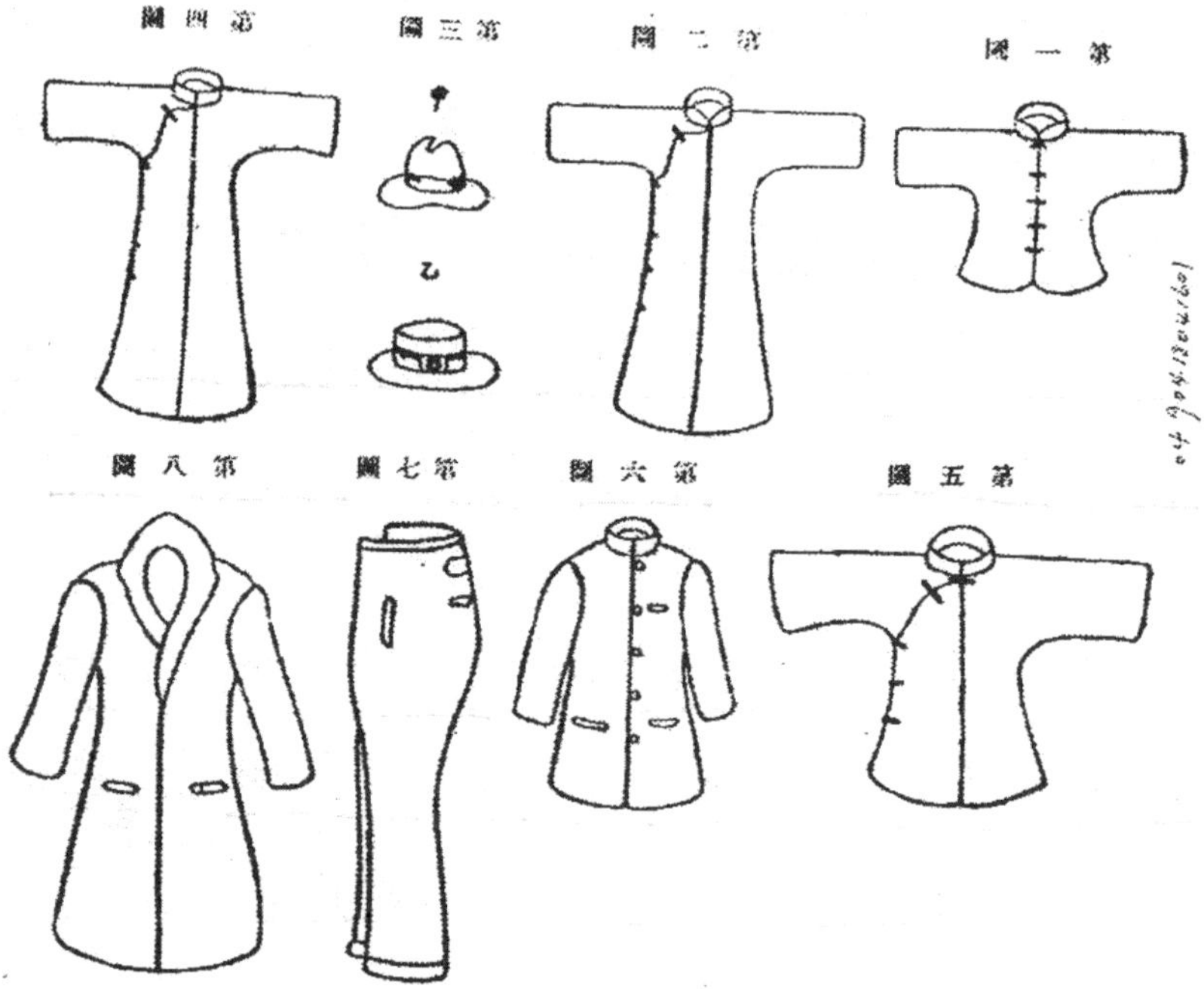

図13　「服飾條例」。旗袍に似た服はあるが、名称は登場しない
（出典：朱博偉／劉瑞璞「旗袍和祺袍称謂考証及其三種形態」「実践設計学報」第9期、実践大学、2015年、168ページ）

形が変わっても、同じ名称で呼ばれ続けてきたのである。

　ところで、「旗袍」という呼び名は、いつ、どのように成立したのだろうか。そもそも清朝時代の満洲人女性たちは自分の袍服をどのように呼んでいたのか。

旗袍という呼び名がいつ現れたか

　現在、旗袍の起源は、清朝の満洲人女性服（旗女の服）に求めることがほぼ定説になっている。だが、清朝期の満洲人女性の日常服は当時は一般的に「襯衣」や「氅衣」と呼ばれ、旗袍といわれることはきわめてまれだった[19]。

　また、清朝の満洲人女性はワンピース型の袍服を着ていたが、漢人女性は民国期に旗袍が現れるまで「上衣下裳」のツーピース型の褂や、襖と裙（スカート）と褲（ズボン）を組み合わせて着ていた。清末期から民国初期の過度期でも、漢人女性が袍服を着ることは少なく、旗袍と

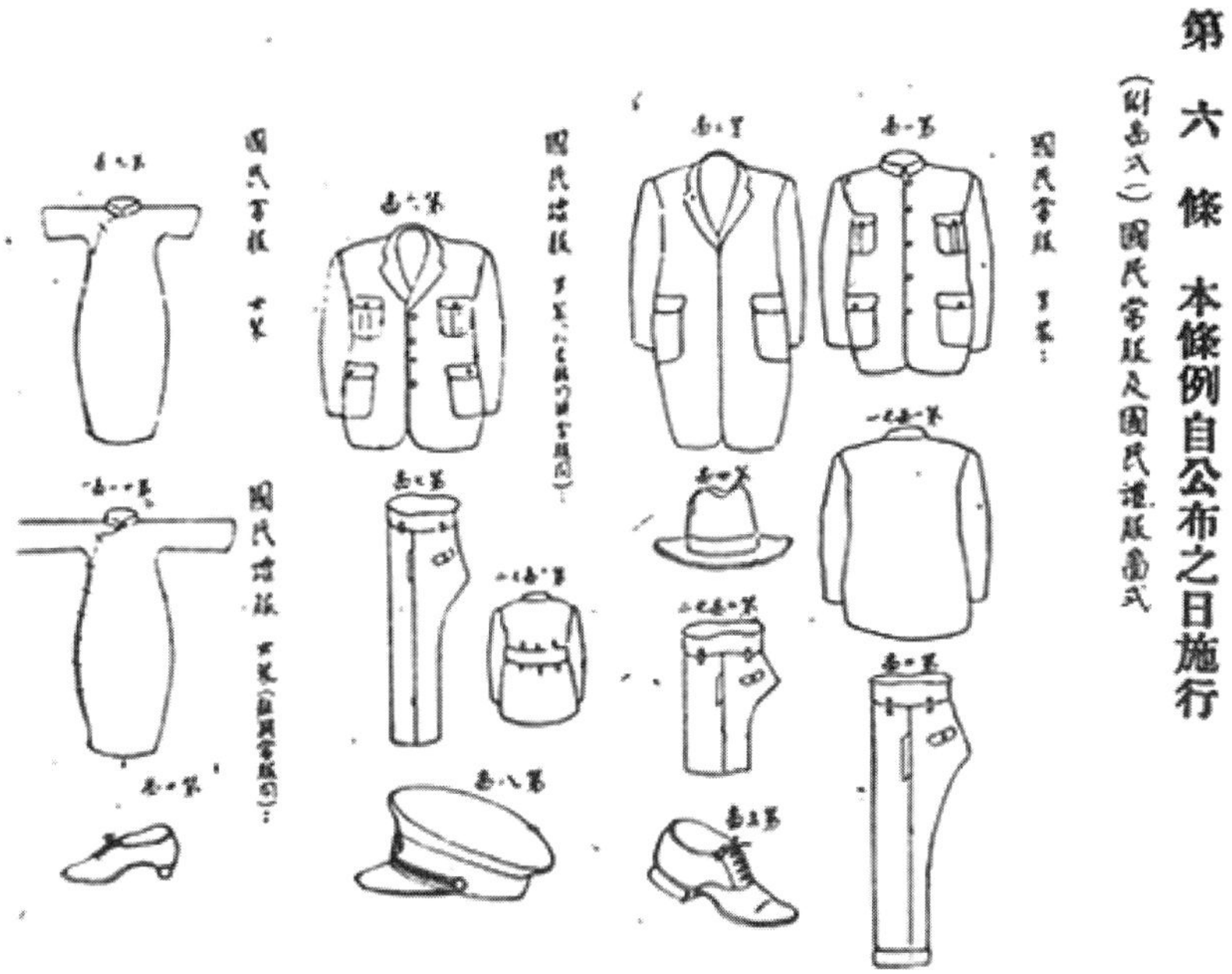

図14　「内政公報」（30期）「国民党服と国民礼服図式」。旗袍という名称はなかった
（出典：同論文166ページ）

いう名称の服を着ることはありえなかったという[20]。

旗袍という名称が最初に登場するのは、一九一九年に刊行された、沈寿という人の口承を記録した張謇の『雪宧秀譜』（南通翰墨林書局）といわれる。清朝期の文献には、「旗袍」という語はまったく出てこない[21]。

一九二九年に中華民国政府が公布した「服制条例」（図13）には、旗袍に似た服飾形態は描かれているが、旗袍という名称はなかった[22]。また、四二年の「内政公報」（中華民国政府行政院内政部発行）の国民党服や国民の礼服をみても、旗袍のような服はあるが、旗袍の名称は使われていなかった（図14）。そのほか、三五年に湖南省立農民教育館が発行した『高級民校中服裁法講義[23]』では、「腰擺套裁女長衣」という名称が用いられているが、これは旗袍をさしていた。三六年に中華書局が発行した『初中学生文庫　裁縫大要[24]』には、「女子短袖挖襟衣」（女性用で半袖、襟刳りのデザイン）という名称が、三八年の満洲国図書の『裁縫手芸』[25]第二巻では「滾辺短袖女夾袍」（縁取りがある半袖で、女性用裏付きの袍服）という名称が、いずれも当時民間で流行していた旗袍と同じ様式の袍服をさすのに使われていた。服の形や様式、あるいは裁断法を名称として用いたものと思われる。

これらのことから、中華民国が成立する前の清朝末期には、満洲人、モンゴル人、漢人は旗袍という呼び名を公的な場で使っていなかったことがわかる。辛亥革命が勃発して中華民国が発足してからも、政府の正式な書類や手紙、公文書などでは、旗袍と同じ型の服を「女子礼服―衣」「女公務員制服―衣」「婦女礼服」あるいは「女夾袍」と呼んでいて、旗袍という名称を使わなかった。

民国初期にも公には旗袍とは呼んでいなかったわけだが、旗袍以外の呼び名は漢人が付けたものであって、満洲人が使った名称ではない。一方、大衆向けの雑誌などでは旗袍という呼び名が多く使われていた。たとえば、「申報」や「良友」といった新聞・雑誌では、新しい服装を紹介する際に旗袍の写真やスケッチが多く登場していた。

いずれにしても、当時は「清袍服」や「旗服」、あるいは「旗装」という名称が「旗袍」と並んで用いられていたことから、確定した名称はなかったといえる。学校の教科書では、服の形や裁断法を示す言葉で呼ばれていたし、旗袍という名称はめったに使わなかった。

一九二〇年代半ばごろ、従来の服飾制度が機能しなくなると、さまざまな新しいタイプの服飾が現れてきた。そのなかに「新型旗袍」と呼ばれるものもあったのだが、これに「旗袍」という名称を適用することは不適切だと指摘する者もいた。清朝の時代の袍服は身体のラインを隠すのに対して、新型旗袍はボディーラインをより強調していたことも、「旗袍」の名称を使うことへの抵抗感を生じさせていたといえる。

新型旗袍の概念が定着していなかったため、この服装はさまざまな呼び方がされていた。たとえば、外国資本の銀行や会社の競り売りでは「旂袍《チーパオ》」と書かれ、女子学生にふさわしい服装を特集した新聞記事では「長袍」と記されている。ちなみに、「旂袍」の「旂」は「古代の旗の一種」をさし、「旗」と同じ意味で使われている。

「旗」は八旗、とくに満洲族の旗を意味する語である。[26]

新型旗袍がしだいに定着してくると、一九三〇年代には、「民族性」に基づく「旗袍」という名称には古い時代のイメージがあるため改称すべきだという主張が現れるようになった。

たとえば、一九三二年九月十七日付の「申報」「改良婦女服装之建議」では、旗袍は清の時代の満洲人の古い伝統を引き継ぐもので、旗人が着ていたために旗袍の名称が使われていたのだから、現在の革命の潮流のなかではこのような存在は許されないと主張している。また、三五年十一月十一日付の「申報」「旗袍応改称頎袍」では、現在の女性の大半は旗袍を着ているが、「旗袍という名前は清朝期の古い名前であるため、改称の必要がある」と指摘している。そこで「旗袍」という名称のかわりに提案されたのは、「斎袍《チーパオ》」や「頎袍《チーパオ》」といった名称である。「斎袍」は読み方が旗袍と同じだけで意味をなさないため、記者は旗袍を「頎袍」（長い服）にしたほうが適切だと指摘している。[27] ちなみに、「頎」とは「背丈の高い、背丈が伸びる」[28]という意味である。

このように、一九三〇年代ごろまで旗袍には国や学会が認める正式な名称がまだ定まっていなかった。政府が実施した服装条例に描いてある図をみると、旗袍にあたる服飾形態は存在していたが、中国服のバリエーションのなかの一つにすぎなかった。

しかし、その一方で、新しい時代の産物としての「新型旗袍」は、メディアで多く取り上げられ、大衆の注目を浴びていた。たとえば、一九三一年九月十三日付の「申報」の記事「改良服装展覧会」は、「一つの民族が文明的であるかどうか、野蛮であるかどうか、強いかどうかはその民族の服装を基準にしてはかられる」と主張している。それによれば新型旗袍は「襟が高く、ボタンが過剰に多い。裾幅が狭く、行動を妨害するような長い裾丈をつけている」点で批判すべきものだった。

また、一九三二年九月十七日付の「申報」の記事「改良婦女服装之建議」では、「本来の清朝期旗袍はゆったりとしていたが、現在流行している新型旗袍はデザインが清朝期のものに比べると大幅に変わり、裾丈が長いわりにはスリットが二、三寸〔約六センチから九センチ：引用者注〕しか入っていない。女性の服を改良する必要があり、上衣下裳を提唱すべき」であると論じている。
やがて、「新型」という語はなくなり、「旗袍」という呼び名が定着するようになった。現在にたとえると「ネット用語」のように、一部で用いられていた「言葉」がメディアを介して社会全体に広がっていった結果、一般に使われるようになって正式に認められたということに相当する。

注

(1) 李迎軍「旗人之袍与旗袍」、孫旭光編『沈香——旗袍文化展』所収、団結出版社、二〇一四年、九—一三ページ

(2) 孫世圃編『中国服飾史教程』中国紡織出版社、一九九九年、一七九ページ

(3) 岸本美緒「身分感覚とジェンダー」、小浜正子/下倉渉/佐々木愛/高嶋航/江上幸子編『中国ジェンダー史研究入門』所収、京都大学学術出版会、二〇一八年、二〇七—二一〇ページ

(4) 張愛玲(一九二〇—九五)は、一九四〇年代に日本占領下の上海で一世を風靡した著名な作家である。作品中で衣服に関する描写や記述が多いことが知られていて、みずからも風変わりな服を好んで着ていた。とくに英語で書いてから中国語に訳されたエッセー「更衣記」は、民国期という激動の時代の衣服と社会との関係性を描いたものとして有名である。張愛玲の生涯と作品については、池上貞子「着・語る作家張愛玲」(「特集 上海モダン」、勉誠出版編「アジア遊学」第六十二号、勉誠出版、二〇〇四年)などがある。

(5) 張愛玲「更衣記」『張看——迄今為止最完備的張愛玲散文結集』上冊、経済日報出版社、二〇〇二年、八—一六ページ

(6) 袁杰英編著『中国旗袍』沈蓁訳、中国紡織出版社、二〇〇〇年、三ページ

(7) 黄能馥編著『中国服飾通史』中国紡織出版社、二〇〇七年、二一九ページ

(8) 謝黎「旗袍に隠された「思想」」、「特集 服から伝わる物と事」、アジア太平洋観光社編「和華」第九号、アジア太平洋観光社、二〇一六年、三五—三七ページ

（９）朱小珊「旗袍——従平面結構走向立体結構」、李政道／馮遠主編『第三届芸術与科学国際研討会論文集』所収、中国建築工業出版社、二〇一二年、四四九ページ
（10）前掲「更衣記」一三ページ
（11）王宇清『歴代婦女袍服考実』中国旗袍研究会、一九七五年、九八—九九ページ
（12）辞海編集委員会編纂『辞海 第六版彩図本』上海辞書出版社、二〇〇九年、一七七六ページ
（13）前掲、袁杰英編著『中国旗袍』九—一〇ページ
（14）包銘新主編『中国旗袍——世界服飾博覧』上海文化出版社、一九九八年
（15）包銘新『近代中国女装実録』東華大学出版社、二〇〇四年
（16）前掲『中国旗袍』一一ページ
（17）前掲『近代中国女装実録』一八三ページ
（18）朱博偉／劉瑞璞「旗袍和祺袍称謂考証及其三種形態」「実践設計学報」第九期、実践大学、二〇一五年、一六六ページ
（19）黄能馥／陳娟娟『中国服装史』中国旅游出版社、一九九五年、三七六ページ
（20）周錫保『中国歴代服飾』台北南天書局、一九八四年、五三四ページ
（21）袁杰英『中国旗袍』中国紡織出版社、二〇〇二年、刑声遠「旗袍的起源与発展」「浙江紡織服装職業技術学院学報」第四期、浙江紡織服装職業技術学院、二〇〇六年、江玲君「長衫、旗袍、中山装——試論中国国服的勘定」「服飾導刊」第一期、武漢紡織大学「服飾導刊」編集部、二〇一五年、四六—五一ページ
（22）前掲「旗袍和祺袍称謂考証及其三種形態」一六五ページ
（23）湖南省立農民教育館編『高級民校中服裁法講義』長沙六合公司、一九三五年、七四ページ
（24）中華書局編『初中学生文庫 裁縫大要』中華書局、一九三六年、二五ページ
（25）王淑琳『裁縫手芸』第二巻、満洲国図書、一九三八年、五ページ
（26）中国社会科学院言語研究所詞典編集室『現代漢語詞典 第五版』商務印書館、二〇〇五年、一〇七一—一〇七二ページ

(27) 前掲『チャイナドレスをまとう女性たち』一三八ページ
(28) 伊地智善継編『白水社中国語辞典』白水社、二〇〇二年、一〇八四ページ

第2章　旗袍と身体

1　中国伝統社会での女性の身体観

隠すことに美を感じる身体観

現代のチャイナドレス（旗袍）は、女性の身体の曲線を強調するというイメージがある。今日、女性の身体は本人の表現の自由に属するととらえている人々が多いはずだ。しかし、かつて中国女性にとって、自分の身体を自分の思うとおりに表現することはそう簡単ではなかった。中国の伝統社会は「隠す」ことに美しさを見いだしていたため、身体は見せるものではなく、したがって身体を使って「表現する」という発想はなかった。中国の女性がみずからの「身体」、つまり「個としての人間」を表現できるようになるには、長い「闘い」の道のりを経なければならなかったのである。本章では、中国女性の身体観とチャイナドレス（旗袍）が果たした役割を論じていく。現在、チャイナドレスはセクシーなファッションとして（中国の内外でも）知られている。また、現代女性は自分が着たい物を自由に選んで、自身の身体の個性を自由に表現する権利もある。これを当然のように享受しているのは周知のことだろう。

　だが、女性がみずから着たい物を選び、それを着用して自身の身体表現をする行為が社会的に許されるまでには、困難を乗り越えなければならなかった。社会的因習や道徳観念などの障壁や偏見など、具体的に何を乗り越えなければならなかったのか、以下に述べていく。

　本章では、女性の身体が「隠す身体」から「見せる身体」に変化する過程で生じた議論を紹介しながら、中華民国期社会で起きた女性の身体観の変化をチャイナドレスを通してみていく。旗袍にまつわるセクシーなイメージはいつ形成されたのか、中国女性の身体観は、どのようなプロセスを経て現在のような認識に至ったのか、身体観にはどのような歴史が隠されているのか、また、衣装としての旗袍のデザイン（意匠）に、身体観の変化はどのような影響を与えていたのか、などを考察する。

　近代以前の中国女性は、男性中心のジェンダー秩序のなかにいて、女性としての身体と存在価値をどう構築するかは「家」を基準に決められてきた。男たちは社会での名誉や成功を求め、社会は彼らに「斉家、治国、平天下」といった社会的役割を与えていた。儒教や礼教を重視してきた中国社会では、「才能がないのが婦人の徳である」（女子無才便是徳）という教えに従い、女性の役割は嫁いだ家に尽くすことや男子を産んで家に後継者をもたらすことに限られていた。

　女性自身も、「良妻賢母」という女性像が自分の人生の目標だととらえていた。そのため、女性の身体は自由で自律的に動かすことができるものではなく、倫理的規範に縛られた社会的身体だった。封建社会が長く続いた中国では、漢人女性には厳しい道徳的規範が課されていた。宋・明・清の時代には、「存天理、滅人欲」（宋代の朱子学）という性理学論理が唱えられていた。その論理では、女性は身体的特徴を隠し、温厚で賢淑な妻や、何事にも慌てない静かな母親の役割を担うべきだと教えていた。

　このような女性観に基づいて、婦人の服飾にはさまざまなルールがあった。とくに、身体に関わる問題や「性」を表現することは最も厳しく規定されていた。「痩せて細くて、弱い女性が美しい」という美意識に反映されるように、女性の身体もゆったりとした外衣に隠され、窮屈な下着で束縛されていた。胸部、腰部、臀部の自然な曲線を人為的に消され、繊巧で柔弱な「平面美人」（図15）のイメージが形成されていた。

女性本人が何を考え、何をしたいかは問題ではなかった。女性が身にまとう衣服には、それを着る個人ではなく、彼女が所属している集団である「家」の社会的地位や経済力、身分といった要素が反映していた。

こうした社会背景のもと、女性の身体はゆったりとした大きめの服に覆われ、首から爪先に至るまでいっさい

図15　平面美人
（出典：「中国国家地理 中華遺産 天朝衣冠」第2期〔総第112期〕、中華遺産雑誌社、2015年、94ページ）

肌を見せてはいけないことになっていた。身体のラインを隠す服といえば、イスラム教信者の女性の衣装も同じである。だが、ベールで髪や顔を隠して身体全体を覆う服を着るのは、女性の身体が「美しいもの」だから、「大切な人だけに見せる」べきだと宗教で定められているからであって、決して身体を醜いものとは思っていないのである。しかし、中国の伝統社会の場合には、身体は、男性であれ女性であれ「美しい」とは見なされていなかった。男性が女性の性的魅力を感じる身体部位は「三寸金蓮」と呼ばれる「纏足《てんそく》」[1]だった。これについては、あとで詳しく述べる。

女性の身体に関しては、近代以前の漢学や中国の人文科学では研究対象として重視されてこなかった。この点について、民国の文化と政治、身体社会史に詳しい台湾の研究者・黄金麟は、次のように述べている。

身体は確実に存在しているのに、論じることに値しないと考えがち、あるいは、見ていても見ないふりをする状態が長い間続いていた。近代になってから、ジェンダーやセクシュアリティー、医療史や儒教的な身体観の研究などを通して少しずつ改善されてきたが、体系的な議論はまだ始まったばかりである。[2]

この指摘のとおり、マンガや映画、文学の研究以外では、ジェンダーや身体性の視点からの中国女性と旗袍についての研究は、そうは多くなかった。わずかに、民国期カレンダー美人画（月份牌）や広告画の研究[3]、美術作品のなかの女性像の研究[4]などがあるだけだ。

人間の身体には、社会的な意味が付与されている。身体をどう形成するかは、生物学的な問題であると同時に文化的な問題でもある。旗袍が醸し出すセクシーなイメージは、新たな身体観が生まれないと成立しえなかった。それと密接に関係していたのが、纏足と束胸（胸を縛る風習）から女性を解放せよという社会的風潮だった。

女性の美の基準としての纏足と束胸

今日、チャイナドレス（旗袍）にハイヒール姿で颯爽と歩く女性の姿を見て、違和感を覚える人はいないだろう。だが、清朝末期から民国初期の中国社会では、美しい大人の女性と見なされるには、小さな足（纏足）と平らな胸（束胸）が必須条件だった。纏足は「良家の女性」のシンボルであり、いい結婚相手を探すには欠かせない基準の一つだった。

中国社会で纏足と束胸が美しいとされていたのは、なぜか。男たちは女性のどこに性的魅力を感じていたのか。それは旗袍の性的魅力とどこが違うのだろうか。

纏足の風習が続いていたら、旗袍というファッションは生まれなかっただろう。纏足をやめたから西洋のハイヒールが似合うようになり、旗袍のスリットごしのハイヒールの足の魅力が生きてくる。そもそも、日本や欧米では奇妙な風習と思われていた纏足は、中国ではなぜ魅力としてみられていたのだろうか。なぜ女性たちは痛みに耐えながらもこの風習を長く守ってきたのか。纏足が表現する女性の性的魅力とは何なのか。

宋・明・清の時代の小説・詩・演劇などの文芸作品では、女性の理想像に欠かせないのは「三寸金蓮」（纏足）という小さな足だった。実際にこの時代の女性は、その理想に自分を合わせようとした。三寸（約九センチ）に満たない小さな足は、女らしさを表す際に、最も重要な身体部位とされていた。

馮驥才の『纏足』という小説には、正月などの行事の際、女性たちが纏足を競う集会に参加し、自分の纏足の形や靴に施してある装飾を披露していた様子を描いている(5)。そこからは女性たちが美しい纏足を目指して、必死に足をケアしていたことがわかる。美しい足を鑑賞するのは男たちだった。

女性の素足を見ることができるのは夫などに限られていたため、足の美人コンテストは男たちにとって、多くの女性の足を見ることができるめったにない機会だった。そもそも纏足の魅力は「秘匿性」にある。簡単には見ることも触れることもできないからこそ、男たちの想像力を掻き立て、性的魅力を呼び起こしていたのだ。

「ポドエロトマニア」という言葉がある。被愛妄想を意味する「エロトマニア」に足を意味する「ポド pod（o）」が付いた語で、「足に対して熱狂的なエロティズムを感じること、あるいは人」を意味する。中国文化のなかにある纏足への嗜好を表す語として使われている。

『中国春画論序説』を著した中野美代子は、女性の身体の「性的魅力」を語るときに「纏足」がどれほど重要だったかをこう述べている。「女のからだを見るには、纏足を論じるに如くはない[6]」

そのため、女性の性的な特徴としての乳房は、伝統的な中国社会では、堂々と見せるものではなかった。逆に、社会が期待していた理想的な女性のイメージは、平らな胸をもつものだった（図16）。要は痩せた胸の女性が美しいのだ[7]。このような「女性美」の価値観に基づいて、女性自身も胸を小さくするために、胸部を「肚兜《ドゥトオ》」（図17）という布で縛っていた。この「束胸」の風習は若い女性の間に浸透していたため、なくすことは簡単ではな

図16　平胸旗袍
（出典：「賀沁蘭女士象」「北洋画報」第690期、北洋画報社、1931年）

かった。

胸を締め付ける窮屈な下着は、小さなベストのような形で、長さは八センチぐらい、幅は四センチほどで、前身頃に十個のボタンが付いている（図18）。中国古代のベストのデザインを基本にして作られたものだといわれる。(8)

図17　肚兜
（出典：龍志丹／王秋墨『図説清代女子服飾』中国軽工業出版社、2007年、35ページ）

民国初期には、自然な胸のふくらみがわかることはみっともないとされ、束胸をしない胸は醜いと見なされていた。時代の先端にいた都市部の女性や知識人女性たちさえも、平らな胸がモダンだと思っていた。都市だけでなく地方の女学生たちも、「束胸」を美しいものと見なしたので、全国的に流行していた。女性たちは自分の身体の発育を妨げる行為だと知りながら、当時の美意識や女性観に従って束胸をやめようとはしなかった。この傾向は、当時の美人カレンダーや雑誌の挿絵などからもうかがえる。

清朝末期の改革的政治家で思想家でもある康有為（一八五八―一九二七）は、纏足が女性の身体と国家に危害を

図18　旗袍の下着
（出典：濤建中編『時代漫画（1934—1937）』上〔老上海期刊経典〕、上海社会科学院出版社、2004年、93ページ）

与えていると危機感を抱いていた。康をはじめとする改革派は、纏足は女性の身体に悪影響を与え、不健康な子どもを産むだけでなく、中華民族が「東亜病夫」に陥った原因でもあると指摘した。そのため、纏足という悪しき風習を廃し、「天足」、つまり自然な状態の足に戻すことは、新たな女性身体の構築の第一歩だと主張していた。一九一二年、中華民国政府が設立後、直ちに纏足禁止令を公布したのも、こうした背景があってのことだった。また、束胸という胸部をきつく縛る慣習も女性の出産や授乳に悪影響を与えるだけでなく、肺病の原因になって死に至る事例も多々あったことから、批判の的になっていた。

女性の身体にまつわる問題は、もはや女性個人の問題にとどまらず、社会の関心事になっていた。さらに、メディアに取り上げられることで、女性の身体が私的な閉ざされた空間から公共という開かれた空間で議論されるようになったのである。

しかしながら、民国初期には、こうした変化を受け入れる素地はまだ整っていなかった。新女性やモダンガールと称する女性たちは、西洋の物質文化を躊躇なく受け入れたのに束胸はやめようとはせず、自分の身体に関しては伝統的な価値観や美意識から容易に脱却できなかった。そのため、女性らしい体のラインを生かした服飾を作り上げていくには、まだまだ時間を要したのである。

伝統的な倫理規範を捨てて自然で健康的な身体の価値を提唱することは、女性の「社会的な身体」を構築するために重要な主張だった。纏足廃止を訴える「天足運動」や、小さな下着からの胸の解放を主張する「天乳運動」では、女性の身体イメージを再構築しようとするものである。身体が旧来の倫理規範から自由になると服飾の変化も必要になってくる。いや、むしろ女性の服飾の変化が、女性身体を再構築するために欠かせない駆動力になったともいえる。

伝統的着衣のなかに隠されていた中国女性の身体は、近代になって「発見」されて再構築されたのだが、それはまず足元と下着の改造から始まった。ここでいう「発見」とは、女性の身体に新たな美を見いだすことではなく、国家を救うために女性の身体観を変化させることが必要だったことを意味していた。纏足がハイヒールへ、「束胸」が西洋の下着へと変わっていくなかで、外衣としての旗袍にも変化が現れてきた。

2——民国期に起きた女性身体の「発見」

身体で国を救う

アヘン戦争(一八四〇—四二年)と日清戦争(一八九四—九五年)のあと、清朝ではイギリスや日本と屈辱的な条約を結ぶことを余儀なくされた。ヨーロッパや日本との戦いのなかで一連の失敗を経験し、危機感を覚えたエリートたちは、国家の存続に必要なのは「人を改造すること」だと考え、これまで重要視していなかった「身体」にも目を向けるようになった。

本来、「身体」は「私」の領域であって「公」の問題ではなかった。したがって、敗戦した清を救うには、政治体制や経済を改革すべきだと当初は考えられていた。だが、失敗を重ねてからは、政治・経済の基盤にある「身体」に注目するようになっていく。従来は社会の人的資源とはみていなかった「女性の身体」に価値と意義を「発見」し、国家や政治を結び付けて語るようになり、「身体で国を救う」という発想が生まれたのである。

その際議論になったのが、欧米女性の厚みがある女性らしい肉体と比較して、中国人女性は「紙切れ」のような薄っぺらい身体をしているということだった。これでは国の発展は望めないと、中国のエリートたちは考えた。そこでメディアを通して、諸外国と同等になるために動きにくく保守的な服装を改めて国を守るために強い子どもを産めるようにするべきだと、政治的な期待から女性の身体を重視するようになった。この女性の身体を再構築するという発想が、女性の服装の変革にも反映されたのである。

しかし、なぜ「身体で国を救う」という発想が生まれたのだろうか。清朝末民国初期のエリートたちは、イギリスがアヘンによって中国を弱体化させ、「東亜病夫」(東アジアの病人)と揶揄されるほど衰退したことに、国が滅びるのではないかという危機感を覚え、「東亜病夫」のイメージを払拭するにはどうすべきかと考えたのだった。

「病夫」は身体のイメージをもつ言葉だが、従来の身体観である形・気・心で論じるのとは別の身体観が必要とされた。また、身体形成に関する儒教的な解釈——意識・形軀・気化（孟子の観点）や礼儀（荀子の観点）——や、道教でいう生命栄枯の気に関する身体観などでは、「東亜病夫」を救うことができないと、当時のエリートたちは考えた。

そこで病弱な国を救って「東亜病夫」のイメージを払拭するには「身体」を改造する必要があり、それは女性の身体を通して実現できると考えた。強い国家を作るための手段として、女性の身体を「発見」したのである。

しかし、「身体で国を救う」という発想のもとでなぜ「女性の」身体だけが「発見」されたのか。それは、成人男性の多くがアヘンのせいで「病夫」になっていたからだった。国の将来を救えるのは、病夫ではなく、これから生まれてくる強い子だった。纏足や束胸で身体を拘束していた女性を解放し、健康な母親として「健康な子孫」を出産させることが、中国の将来を救う道と考えたのである。これは当時の国際社会に流布していた「遅れた中国」という印象を払拭するうえでも、効果がある方法だと思われた。

前述の黄金麟は大意次のように指摘している。「「身体」は最初から国家の発展や民族の存亡といったことに関わったわけではなかった。人間の身体に労役や税金以外の役割を与えたことは、清末期民国初期という時代性・歴史性が反映された結果といえる。しかしなぜ、このような身体観の変化があったのか。それは国家が危機に直面し、さまざまな政治的な改革を実施したにもかかわらず失敗に終わってしまったために、従来の身体観に変化がみられたのではないか(9)」

こうして、近代に入ってから、政治や社会秩序の激変の影響下で、中国女性の「身体」は「発見」され、エリートの男性たちの提唱によって新たな価値が付加されることになった。女性たちは纏足をハイヒールに替え、束胸を外して西洋式の下着を身に着けた。これは、女性を束縛してきた伝統的な身体的規律と教訓を打破し、時代に必要とされる新たな「女性像」を作り出すきっかけになった。自然で健康的な身体こそが中華民国社会が理想とする女性の身体像である、という身体観が新たに構築されたのである。

新しく構築された身体観とともに、服飾と女性の身体との関わり方にも変化が生じた。従来の服飾と身体の関係は、服とそれをつるすハンガーのようなものだった。女性たちは体のラインを隠すゆったりとした服をまとっていった。女性はみずからの身体に自主的な権利をもって使うことは許されなかった。

身体とは文化、社会、生物有機体が接合した存在であり、時代や社会情勢を背景とした政治的・社会的解釈が身体の構築に関わっている。近代という激動の時期に、女性の服にも変革が起こって、政治的・社会的な側面はもちろんのこと、とくに男女の力関係にも影響を及ぼした。それを可視化したのが、モダンファッションである旗袍の登場と、それを身にまとったモダンガールたちだった。

女性の身体の再構築

中国のエリートたちは国の存亡に直面して、女性の身体を古い規範から解放することで、「身体で国を救う」ことを考えた。それにもかかわらず、実際に身体性を解放した女性には、男性中心のメディアからは批判が加えられた。それはなぜだろうか。

そもそも女性の身体の解放は女性のためにおこなわれたことではなかった。当時のエリートたちの関心は、かつては「東方の獅子」と呼ばれたにもかかわらずいまは「東亜病夫」に転落した祖国を救うことにあった。確かに女性を古い規範から解放したが、彼らの女性観は昔のままだった。その女性観は、女性とは良妻賢母であるべきで、女性の最大の役割は子を産むことだというものである。

纏足や束胸を廃止したのは女性のためというよりも、国にとって重要な次世代を産み育てる強い母を作り出すためだった。列強に対抗するには中国は、みずからを作り替えなければならなかったが、それは女性を人間として見るという変化ではなかった。エリートたちは、口先では女性解放を提唱したものの、実際に街を闊歩する解放されたモダンガールを見ると、「良妻賢母」の枠から外れた中国社会の秩序を乱す存在だとして彼女らを批判したのである。

エリートたちは、女性に一定の解放を与えながら、その一方で、女性をあくまでも男の支配下にとどめようとした。これは矛盾ではなく、むしろコインの両面のようなものだった。彼らがしたことは結果として女性解放につながった部分もあったが、それはもともと彼らが望んだことではなかった。

民国期には女性の身体の支配権を握る主体は、家や礼教体系から国家に転換していった。この傾向は、国家意識が高まりをみせるにつれ、次第に強まっていった。古い礼教は批判され、家は個人を抑圧する制度として否定的に評価されるようになり、かわって国家という存在が、国民の最大の宗主になったのである。市民社会がまだ発達していなかった当時の中国では、個人は国家に宗主から与えられるような「保護」を求め、国家も国民からの「支持」を必要としていた。国民が豊かになるためには国家を強くする必要があり、そのためには国民がもつあらゆる「資源」を活用すべきだという発想が生まれた。そこで「資源」として「発見」されたのが、女性の身体だった。女性の身体を改造する運動は、こうした文脈から生まれたのである。

ここでいう身体とは単なる肉体ではない。女性自身が教育を受けることで、自分の子どもに教育を施すことができる「賢い母親」を育成することも含まれている。そのために、女学運動[10]や、纏足と束胸からの解放、健康のための運動など、女性の身体にはかつてない新たな役割が与えられるようになったのである。

しかし、こうしたことは、女性のためにおこなわれたわけではなかった。繰り返すが、身体改造の目的は、もっぱら国家や民族の存亡の危機の打開にあった。だが、一方では、女性の知能の啓発は国家の運命に関わる大事として推し進めた女学運動は、それまでの父権社会が女性に求めてきた「女子無才便是徳」という価値観を打破したことも事実だった。

女性の身体の改造は、当時の国民国家の論理や優生学などを反映したものだったが、同時に、伝統的な父権制社会が崩れ、国民国家が社会を規定するようになったことを示しているといえるだろう。

黄金麟は中国と西洋の父権社会の崩壊の違いについて、次のように述べている。「西洋の父権社会の衰退は、資本主義の発展と挑戦によるものであって、中国の父権社会は国家主義の台頭と亡国の危機から崩壊の理由をたどれる[11]」

国家的危機に瀕した中国は、女性の身体を歴史の舞台にのぼらせて、纏足と束胸からの解放によって、健康で「文明的」な女性の身体を作ろうとした。しかしそれは国家のためであり、女性のためではなかったのである。

モダンガールの新装

安定した社会では、それほど大きな服飾の変革は起きない。中国が変革期に入って、それまで社会的に重視されていなかった女性の存在が、身体性を通して、再認識されるようになった。女性の身体性を際立たせるうえで効果的だったのが、服飾である。ここに、中国女性の身体を強調するデザインが生まれた。

従来の価値観念を転換するような社会情勢を反映して、衣服にもさまざまな変化が生じた。女性の身体が社会から注目されるようになり、その身体性を表すためのさまざまな新しい装いを、女性みずからが生み出したのだ。そうした新装の一つとしてモダンガールたちを彩った旗袍も現れたのである。

ところで、このような変化が生じる以前は、中国の女性たちはどのような服を身に着けていたのだろうか。作家の張愛玲は、女性美と女性服について、次のように述べている。「満洲人が清朝を三百年統治した間、女性たちにはファッションといえるものは一つもなかった。だいたい同じような服を着ていて、まったく飽きることがない。（略）なで肩で、細い腰、そして平らな胸、身体が薄くて小さな「標準美女」は、このように、何枚もの服を身に着け、身体はこの服の重圧の下に「失踪」してしまったのだ〔図19：引用者注〕。女性の「自我」という存在もないのだ。あるのは、服を支えるハンガーのような存在にすぎないのだ[12]」

張がいう女性の身体は、単なる肉体ではなく、社会的な意味を含む身体であるように思う。何枚も重ねて着た衣服は、まるで枷と鎖のように女性の身体を「家庭」という小さな世界に縛り付け、外の世界から隔絶させていた。公の場では、女性は観賞される存在にすぎず、発言の権利を与えられていなかった。

現在のチャイナドレス（旗袍）をみると、女性のボディーラインの美しさに目を奪われることが多い。ところで、このような「曲線美」を強調した服の登場は、中国の服飾史にとっては一大革命だった。かつての中国社会では、女性服の機能の一つは身体のラインを隠すことにあった。衣服の表面に施されたおびただしい装飾は、人々の視線を身体そのものから衣服へと移動させ、その美しさと豪華さで着る者の階層身分を表すためにあった。身体が主役ではなく、衣服が主役であって、人間の体は衣服をかけるハンガーのようなものだったのである。

図19　1870年代の上海女性の冬服
（出 典：Ferdinand M. Bertholet and Lambert van der Aalsvoort, *Among the Celestials: China in Early Photographs,* Yale University Press, 2014, p. 21.）

身体の線を隠すことは、伝統的農耕社会の「重農軽人」の思想の表れでもあった。だが、旗袍が流行するようになったころの中国社会では、劇的な変化が起きていた。人間を重視し人体を表現することが新しい観念として、当時急速に広まりつつあった。

一九三〇年代の「上海漫画」（中国美術刊行社）には「世界人体之比較」という不定期だが計三十七回も連載された人気コラムがあった。これは、世界各地の女性の身体の写真を掲げてその美醜や優劣を比較するもので、それによって中国の女性の身体の改造を目指すというものだった。

こうした写真の多くは、ドイツの裸体主義信奉者の著作から転載したものだった。これは、文明に汚された人工的な都市を抜け出し、退廃的で不健康な生活を改め、人間の「あるべき」自然な姿を求めようというのが趣旨で、健全な身体と精神を取り戻そうというモダニズム運動の一つだった。[13] こうしたコラムが人気だったことからもわかるように、西洋的な「個」や「自我」の意識を志向する思想は中国で高まっていた。こうした社会情勢の変化は女性の美意識にも影響を与えていた。

女性の自我の主張は、男性をまねる方向と、女性の身体的魅力を強調する方向とに分化した。旗袍の流行は男性知識人をまねることから始まったというのは、すでに述べた。男性をイメージさせる長衫を身に着けることによって、男女平等を訴え、「新女性」として、社会進出していく自己を表現できたのである。初期の男物を思わせる新型旗袍は、そうした意味で最も効果的に「女性の存在」を示す効果があった。

それに対して、女性の身体の特徴である曲線を表現する服装は、実はワンピース型の旗袍ではなく、上衣下裳のような分断式だった。スタイルは、両脇から腰までスリットが入ったほっそりした小さな上衣に、幅が広いスカートを合わせたものである（図20）。「束胸」の風習が流行していたころなので、胸のラインはまだ隠されているが、大きなスカートと細身の上衣との間には体が描く曲線が明確に見えるようになった。

上半身はフィットしているので正面から見るとボディーラインがわかるようになってきたが、胸はまだ平面的なので押さえ付けられたままだ。妊娠したら、この服ではボタンも留められないだろう。こうした細くて小さな服には、批判の声が多かったという[14]。

しかし胸を強調することに抵抗があった女性たちにとって、体にぴったり沿った服に包まれるようになったこと自体が、一つの進歩だったと思われる。横から見ると身体の凹凸は表れないが、正面から見ると身体の輪郭の一部が見えるようになったのだ。このことは、儒教社会の倫理規範に大きな衝撃を与えた。

女性の身体の解放を目指す運動は高まりをみせ、体を隠すような服装への批判も強くなっていた。そうしたなかで、女性服の構造（パターン）も平面的な型から立体的なものへと変化していったが、いきなり西洋の立体裁断法を取り入れたわけではなかった。一九二〇年代後半から三〇年代前半にかけて起きた最も顕著な変化は、新

図20　曲線が見える上衣下裳

（出典：ラワンチャイクン寿子／堀川理沙編、チャイナ・ドリーム展実行委員会『チャイナ・ドリーム——描かれた憧れの中国　広東・上海』福岡アジア美術館・兵庫県立美術館・新潟県立万代島美術館、2004年、105ページ）

型旗袍にダーツ（省道）を入れたことだった。

旗袍研究家の包銘新によると、改良旗袍が胸部と腰部にダーツを入れたことは、従来の旗袍の伝統的なスタイルに対する大きな変革だったという[15]。ダーツを取り入れることで、旗袍は女性の身体にもっとフィットするようになり、そこからさまざまな変化が起きた。こうして初期の男性的なシルエットの「新型旗袍」から「女性らしさ」を表す「海派旗袍」へと変遷を遂げていくのである。

旗袍が西洋的な裁断方法を取り入れたことは、当時の雑誌広告からも知ることができる。一九二八年二十五期の「良友」画報には、フランス人の金楽福という女性が上海で開校した洋裁学校の広告を掲載しているが、宣伝文には、「上海にある唯一のファッション学校では、最新式の外衣や下着、帽子の作り方を教える」とある（図21）。そこに添えた旗袍のイラストを見ると、ウエストと裾丈を絞り、胸部から腰部、臀部に至るラインはS字の曲線を描いている。この時期にはすでに西洋の裁断法を旗袍に取り入れていたことがわかる。

法國裝束美專家創辦
時裝剪裁學校
法國金樂福女士Mme. Gingeroff，最近在滬創辦唯一之「時裝剪裁學校」，教授各種時式之外衣內衣及帽之製法。授課時間每逢星期一三五上午九時半至十一時，下午五時半至七時。特別研究班上課時間可另酌定。凡欲研究者勿失此機會。
上海靜安寺路三十四號
華安合羣保險公司樓上
電話西三零四號

図21　縫製学校の広告
（出典：「良友」画報第25期、良友図書印刷公司、1928年、33ページ）

一九二〇年代から三〇年代には、上海では男女を問わず漢人の間で服装に変化が起きていた。時代の波に乗ったエリート男性たちは、「長袍」や「長衫」のかわりに孫文が考案した「中山服」や西洋服（スーツや燕尾服）を身に着けるようになった。都市部に暮らす女性たちも、伝統的な「上衣下裳」を脱ぎ捨て、男性のスタイルをまねた「新型旗袍」を着るようになり、そこからしだいに「女性らしさ」を前面に出した「海派旗袍」が生まれてきた。このスタイルが中国全土へと広がり、民国旗袍は最盛期を迎えることになる。

こうした流れに拍車をかけたのが、一九二九年に中華民国政府が公布した「服制条例」で、これによって女性の礼服は旗袍と定められた（旗袍という名称がまだ明確に使われていないので、旗袍に似た服を「婦女礼服」と定めた）。同時に、教育部からも高等小学校や中等以上の学校に対して、女子学生の制服を旗袍とするようにという指示が下った。とくに、陰丹士林布（Indanthrene の訳。インダンスレン染料で染めた藍色綿布）（図22）や薄い絹（清末期は緞子が多かった）などを素材にしたことで、旗袍は女性の身体のラインを、よりはっきりと見せるようになった。

旗袍のデザインの変化は、当時製作された「月份牌」（美人カレンダー）や、酒、たばこ、薬、化粧品などの広告からも知ることができる。広告のイラストに描かれている女性たちは、身体にフィットした柔らかな絹素材の旗袍を身に着けていて、胸や腰、臀は曲線を描いている。とくに、半透明の針織素材（メリヤス生地）の旗袍は下着の輪郭が透けて見えそうなほどフィットしていて、外衣の旗袍とのバランスであまり体の線があらわにならないようになっている。

このように、美人カレンダーには旗袍姿の女性が起用されることが多かった。広告は社会を反映する鏡であり、それは大衆の消費動向を導く力をもつだけでなく、女性をモチーフにした広告には、当時の社会が理想とした女性像が反映されている。たとえば「赤い旗袍を着ている若い女性の腕は春筍のようで、美しくふっくらとした足をもち、丸いヒップは太陽のようで、スリムなスタイルをしている[16]」といったコピーは、女性の身体的魅力をどのようなイメージでとらえていたかをうかがわせる。ここからもわかるように、当時は女性の身体の魅力は、腕や足、ヒップ、スリムな体形にあるとされていて、胸は注目されなかった。

清朝末民国初期に起きた女性の服飾の変革は、女性の身体の再構築でもあった。近代中国社会では、女性の束胸や纏足といった風習は古い秩序を象徴するものと見なされ、新たな時代の政治や社会秩序には健康で自然な女

図22　陰丹士林布
（出典：劉暁天／張瓔編「旗袍美女・快楽小姐」『月份牌旗袍美女』〔POSTCARD〕所収、上海人民美術出版社、2012年）

性身体が必要だとされていた。纏足や束胸という身体の拘束からの解放は、女性にとって新しい女性像を見いだそうとするきっかけになった。そのことが新しい身体美の追求につながり、旗袍のデザインや縫製、裁断の革新につながっていった。こうして生まれた新しいタイプの旗袍は、新時代の女性のシンボルになっていったといえる。

だが、女性服の変革は女性解放や男女平等といった進歩的な思想が広く認められたから実現したわけではなく、実は不平等なジェンダー権力のなかでおこなわれていた。

女性の身体観の変革は男性が先導したため、彼らの美意識や身体観の押し付けという面が確かにあった。しかし、それがきっかけだったとしても、清朝の時代におこなわれた身体拘束と肉体の美の否定に批判が向けられたことで、女性はみずからの手で身体性を変えていく可能性を得たのである。

身体観の変化は、私的空間に限られていた女性の行動範囲を公共の場に広げた。だが同時にそれは、女性の身体が見知らぬ男性たちから観賞され消費される対象になったという現象も伴った。可視化された「女性」は、資本主義社会のなかで消費者としてモノ・金・ライフスタイルを享受し、人々の憧れの対象になった。しかし同時に、彼女たちは消費される存在でもあった。それは、当時の新聞、マンガ、絵画、美人カレンダー、広告イラストに表象として現れている。

旗袍が「女らしさ」やセクシーさといった特徴を示すようになったことは、中国社会に「個」としての女性が登場したことを物語っている。こうした女性の登場は、中国の伝統社会にきわめて大きな衝撃を与えるものだった。次は、そうした女性たちが職業女性として社会進出した際に直面した問題や彼女らの葛藤を考察し、旗袍とジェンダーの問題について論じていきたい。

注

(1) 当時、同じ漢人でも、「客家《ハッカ》」(「よそもの」という意味)と呼ばれる集団には、纏足の風習がなかった。それどころか、服飾制度のなかで、あえて纏足していない自然な足(「天足」)というものを規定していたので、労働に適している「天足」は、客家女性を表す特徴の一つとされた(葉立誠『台湾服飾史』商鼎数位出版、二〇一四年、三一四ページ)。客家の女性は山間部の畑仕事に従事した働き者として知られ、纏足とは無縁だった。民国初期に現れた革命家(孫文、宋氏三姉妹など)のなかには客家出身者が多かった。彼らは纏足禁止運動を強く進めたが、諸外国から「野蛮な風習」として批判された纏足に、そもそもいいイメージを抱いていなかったことも動機の一つだったのかもしれない。

(2) 黄金麟『歴史、身体、国家――近代中国的身体形成 1895―1937』新星出版社、二〇〇六年、一ページ

(3) 邢婧「略論女性身体与民国上海〝摩登〟文化意象的関係――以月份牌摩登女性形象為例」復旦大学修士論文、二〇一〇年、五一ページ

(4) 李方賢「民国時期美術作品中的女性形象研究」河南師範大学修士論文、二〇一二年、四七ページ

(5) 馮驥才『纏足――九センチの足の女の一生』納村公子訳(小学館文庫)、小学館、一九九九年

(6) 中野美代子『中国春画論序説』(講談社学術文庫)、講談社、二〇一〇年、一八〇ページ

(7) 女性の「平胸問題」は女性個人の問題にとどまらず、男性エリートたちにもさまざまな議論を呼び起こしていた。性欲の解放は社会が進歩していることを示すものだと主張する者もいれば、女性の「平胸問題」は古い礼教社会の悪しき風習であり、窮屈な下着で圧迫されて自然な胸が平らな形になるのだから、その胸を美しいと見なすのはおかしい、と指摘する者もいた。また、女が男の格好をまねし、男が女性の胸を見ても興奮しないのは、礼教にとっては「大成功」だが、女性の「平胸」は醜いだけでなく、不衛生で肺病にもなりやすく、母乳も出ないので、種族に関わる大問題だという批判もあった(張競生「裸体文化」「新文化」上海創刊号一九二六年十二月、新亜公司、五二―六八ページ)。

女性の胸を束縛する下着については、医学界も科学的見地から指導をおこなっていった。一九二五年の「広済医

刊」に掲載された「不束胸的四点優点」（胸を束縛しない四つの利点）という記事では、母親の母乳が出るか出ないかは乳児の命に関わるだけでなく、国家の将来にも関連する問題だと論じている。乳房の発達が妨げられ母乳が出ないと、栄養をとれない乳児は虚弱になり、将来的に国民が「弱小民族」になるので、「胸を束縛しないことは、国を救うこと、民を救うことができる」とこの記事は主張している（「不束胸的四点優点」「広済医刊」第二期、大英広済医院、一九二五年）。要は、弱い「東亜病夫」から脱出して強い民族になるには、女性たちがみずから胸を解放することだというのである。

（8）郭豊秋「身体視角下民国女性服飾変革探析」「服飾導刊」第三期、武漢紡織大学「服飾導刊」編集部、二〇一五年

（9）前掲『歴史、身体、国家』一八ページ

（10）女学が字が読めない女性たちに教育を施し、女性を古い礼教から解放したことは確かである。しかし、それは同時に、女性たちの身体を道具化したことでもあったのだ。当時、女性の労働力は家に閉じ込められていた。だが、教育を与えて家から解放することで、その労働力と英知を国力増強のために利用することが可能になった。女性の解放は、富国強兵のためという時代の要請だったのである。

（11）前掲『歴史、身体、国家』四一ページ

（12）前掲「更衣記」八ページ

（13）井上薫「「猥雑」なる上海漫画界——赤裸々な男と女の交差点」、前掲「アジア遊学」第六十二号、五三—五五ページ

（14）胡祖徳『上海竹枝詞』上海古籍出版社、一九八九年、二〇七ページ

（15）前掲、包銘新主編『中国旗袍』三〇ページ

（16）「民国日報」一九二九年十一月三日付

第3章——旗袍とジェンダー

1——モダンガールの出現

民国期のモダンガール像

民国期、纏足や束胸から解放された女性は、新たな身体観の下で自己表現の一つとして新たな服装を次々と身にまとうようになった。これらの新装のなかで、長く流行したのが旗袍だった。先端のファッションとしての旗袍をまとった女性たちは、当時モダンガールと呼ばれていた。(1)

一九二〇年代半ばの上海には、外国居留地である租界を通して西洋文化が押し寄せていた。もともと江南文化(長江流域の中国南地域の文化)の中心地である上海は西洋文化を取り入れることで、近代的な都市として生まれ変わった。都市空間のなかでさまざまな文化が、かつて類例をみないほど交じり合い、伝統社会では考えられない社会現象が次から次へと現れた。たとえば、百貨店やダンスホール、ドッグレース、新たなファッションといったモダンな生活スタイルにまつわる現象である。とくに、都市を象徴していたのが、新たな女性集団であるモダンガールだった。

彼女たちは、モダンと思われるさまざまなことを生活に積極的に取り入れていった。西洋文化を受容する彼女たちは「文明」の代名詞であり、従来の服飾のルールを崩し、さまざまなニューモードを作り出していった。これらのニューモードは、体の形を隠す従来のデザインから脱却し、ボディーラインを見せる西洋的女性美を追求するようになった。モダンガールたちはその先頭に立ったのである。

西洋の「近代」（モダン）という概念を表す言葉としては、当時、「摩登《モダン》」という当て字が用いられた。中華民国建国初期の中国では、西洋は「近代」の象徴であり、「摩登」は発展や進歩を示す言葉と受け止められ好意的にとらえていた。しかし、上海では、摩登が女性のライフスタイルやファッションなどを表すようになると、中国語でいう「時髦《シーモー》」（新しい流行）という意味に置き換えられるようになった。「摩登＝〈近代〉」という言葉がもつ「発展・進歩」といったニュアンスが薄れ、ぜいたくで新しい流行は社会をかえって「後退」させていくというた、マイナスイメージが強まっていったのである。(2)

一九三四年七月八日付の「大公報」では陳西明が「取締奇装異服的検討」（新奇な服装の取り締まりに対する検討）で、モダンになるための条件は、「第一は裕福であり、第二は暇があり、第三は欧米化」だと皮肉っぽく指摘している。これに当てはまるのは、新式教育を受けた女子学生と家庭や職場の「新式婦女」である。つまり、新しい教育を受けて経済面で比較的余裕があることが、モダンガールになる基本的な条件なのである。(3)

上海のモダンガールのライフスタイルを構成する要素は、化粧、パーマンネント、ハイヒール、香水、セクシーなファッション、百貨店の散策、麻雀、ダンスホール、レコード鑑賞、映画、遠足、洋食、たばこだった。これらがモダンなこととして流行していた。(4)

モダンな行為の特徴の一つは消費習慣に関連していた。最も批判されたのは「舶来品」を愛用することだ。二十世紀に入って西洋と衝突が生じると、中国社会は必ず西洋品をボイコットすることで帝国主義の侵略に抵抗しようとした。(5)たとえば、一九三四年の「婦女国貨年」の運動では、モダンガールたちに外国の商品を買わないで国産品を使うようにとはたらきかけたが、成果は上がらなかった。輸入化粧品の売り上げは、その年、最高を記録したという。もちろん、化粧品の売り上げだけで「婦女国貨年」運動が失敗したと判断することはできない。「舶来品」は化粧品に限られるものではない。(6)

いずれにしろ、この運動で批判の対象になったのがモダンガールだったことは間違いない。見栄っ張りで、自己中心的で、国家経済に貢献しようとしないモダンガールは、社会の秩序を脅かすだけでなく、国家にとっても「危険な存在」になったのだ。モダンガールは、近代の社会問題と見なされ、負の印象が植え付けられた。

モダンガール批判は、資本主義の物質文化の否定と愛国主義の称揚の両方に利用されていた。当時の多くの評論家は、主婦がモダンガールのように消費すると、夫婦関係が悪化するだけでなく、舶来品の過剰な使用は国家財力の消耗にもつながると警鐘を鳴らした。(7)

こうして、モダンガールは世論からの厳しい批判にさらされた。だが、彼女たちはそれだけ消費力をもっていたということでもあり、古いしきたりから脱しようとする進取の気性に富んでいたということでもある。それは批判すべき面ばかりではなく、実際に経済を刺激する効果もあった。それにもかかわらず、世論は好意的ではなく、皮肉や揶揄を交えた論調が多かった。

たとえば、一九三〇年の「申報」では、モダンガールは金や権力をもつ夫の保護と愛護を受けて目的がないぜいたくな生活を送っていると非難されている。彼女たちの生きがいは、着飾ることと浪費することだけで、珍しい食べ物を口にし、舶来品を身に着け、西洋の化粧品を使い、パーマネントにハイヒール、ダイヤモンドの指輪と奇抜なファッションで消費に明け暮れしている、というのである。映画館に通い、ダンスホールで抱き合い、公園で恋人とささやきあい、マージャンやトランプで時間をつぶすといった、怠惰のすべてがモダンガールと関わっていると見なされていた。上海に住む太太（奥さま）、小姐（お嬢さま）、少奶奶（第二、第三の夫人や妾など）の大半がこのような日々を過ごしている、と多くのメディアが報じていた。(8)

また、「女子解放万歳」という記事には、上半身裸の女性が「女子解放万歳」と叫びながら、手にかつらとストッキングを握り、壁に海派旗袍をかけて、その下にハイヒールを置いているイラストが添えられている（図23）。モダンガールのパンツには「経済不独立」（経済的に自立していない）と書いてあることから、女性解放を主張するばかりで経済的には自立できない女性の姿を皮肉ったものだろう。[9]

モダンガールの消費力が経済発展に貢献しているのに、なぜ批判的な論調が多かったのだろうか。それは、女性解放を唱え、モダンガールを自称する女性のなかにも、経済的には自立できない人が多かったからだ。少なく

図23　経済的に自立していない女性
（出典：「女子解放万歳」「申報」1932年8月7日付）

とも男性記者が書いた記事からは、そう読み取れる。

男性エリートからは、女性解放は古いしきたりや身体観からの解放だけではなく、経済的自立によっても達成されなければならないと議論されるようになった。女性の経済的自立の議論に関連して、職業女性といわれる新たな女性集団が出現するようになった。

職業女性の出現

民国初期の社会では、フェミニズム運動や国民主義の論調に呼応するかのように、モダンガールと並んで、職業女性たちが現れた。主な職種は、事務職員や百貨店の店員のほか、銀行員、コピーライター、秘書、会計員、電話局のオペレーター、教師、医師、看護師、薬剤師、ラジオのアナウンサーなどだった[10]。

また理容師や切符の販売員、女性用品店の店員や運転手なども、女性の新しい職業として新聞で紹介している[11]。とくに運転手のように、従来の女性観では考えにくいような職業に、名門学校の女子学生や裕福な家庭の令嬢が殺到する様子を報じていたりと[12]、上海ではさまざまな領域で女性の就職の機会が開かれていたことがうかがえる。

しかし、女性が就職する動機に疑義を差し挟む保守的な人々もいた。自立や主体性の確立というのは表向きのスローガンであって、新しい女権解放運動はしょせんモダンな遊びにすぎず、消費願望を満足させるための収入を得たいだけで、社会に出て「雀が鳳凰になる」（雀なのに鳳凰になりたいという夢。庶民が上流階級に上り詰めることの比喩）ための近道をねらっているのだ、といった議論もあった。

また、職業女性は資本主義の犠牲者だと決めつけて、金銭の深淵に陥って危険な社会環境のなかで貞節を失ったあわれな女性だという見方もあった。というのも、中国伝統社会では、職業女性は従来の性別役割に基づく倫理規範からの逸脱とみられていた。女性が家の外で行動すること自体がよくないことと考えられていたのである。

このように民国期に現れた職業女性に対しては、「女性が経済的に自立するため」という擁護する声がある一方で、「ぜいたくがしたいという個人的な欲望を満たすため」だけと懐疑的な見方をする人も多かった。また、家の外の世界で男性と一緒に仕事をすることは、儒教の教えに反することから、望ましくない行為だと思われていた。

しかし、職業女性のすべてがモダンガールだったわけではない。モダンガールに事務員や百貨店の女性店員が含まれるかどうかは微妙である。世論では、彼女たちはモダンガールと分類されていたが、本人たちはそうみられるのを拒んでいた。なぜなら、当時のモダンガールの代表は女優や歌手、ダンスホールのダンサー、高級娼婦のイメージをもつ「社交界の花」（交際花）といった女性たちだったので、そうした女性と同じだと思われたくなかったからにほかならない。そこで彼女らは、自分はモダンガールではないと主張するようになる。

一九三〇年代の上海では、映画女優や交際花たちにとって、最先端の流行ファッションである旗袍を身に着けるのは当たり前のことだった。彼女たちは、「月份牌」という美人カレンダーにもたびたび登場していた。一方、百貨店の店員や金融機関の事務員たちは、新たに現れた集団ではあるが、そもそも大半が「良家」の子女だった。公衆の目にさらされ、女性的な身体性や着飾ることが重視されていたものの、彼女たちは、自分は女優やダンスホールのダンサー、喫茶店のウエートレスといった娯楽業に従事する女性たちとは違い、「厳粛」（真面目）な仕事に従事しているというプライドをもっていた。この区別は、彼女たちだけではなく、政府がもうけた線引きでもあった。実際に、三四年に北平公安局は取締女招待辦法を制定し、そのなかで女性店員や事務員と娯楽業の女性とを区別していた。(13)

事務員や百貨店店員は映画女優などと違い、憧れの対象でもなければ、華やかな生活を送っているわけでもなかったが、仕事をするにあたっては、当時の先端ファッションである旗袍を身に着けることが求められた。彼女らはぜいたくを楽しむモダンガールとは性格が違う女性集団だが、男社会のなかで働くには、女優と同じように旗袍を身に着けなければならなかった。実力で仕事を評価されるのではなく、容姿や美しい服装で男性の目を楽しませる役割が彼女たちに求められていたことは、当時の新聞記事から読み取ることができる。

当時のメディアの言説や世論は男性の意見ばかりで、女性たち自身が声を発することは少なかった。だが、彼女たちは自分の「身体」にさまざまな「新装」をまとって、自分の意思を表現していたのだ。

一九二〇年代から四〇年代にかけて、モダンガールや職業女性たちは、西洋の素材やデザイン、仕立て方法などを取り入れながら、独自のセンスに基づくファッションを展開していた。さまざまな新装のなかで、最も人気を博したのが旗袍だった。年齢や階層を問わず、素材もシルクもあり木綿もありと多様だったことから、多くの中国女性がＴＰＯに応じて旗袍を身に着けるようになっていた。

次節では職業女性のなかから、事務員、百貨店の店員、映画女優をそれぞれ取り上げ、本人たちの発言に焦点を当てて考察してみたい。職場の「飾りもの」（花瓶）と揶揄された女性たちは、男性と同じ職場で働く際、どのような思いをしていたのだろうか。また第3節「「女優日記」にみる旗袍が象徴する時代」ではこれと比較して、モダンガールの代表ともいえる映画女優はみずからのライフスタイルをどのようにとらえ、旗袍をどのように見せようとしていたのかを、日記を通して探っていきたい。

2――女性事務員と女性店員の社会的イメージ

「花瓶」問題をめぐって――「女性性」を消費する大衆社会

二十世紀初頭の上海は、経済の都であり消費の中心地だった。消費活動を担うのは女性だというイメージがあって、女性店員に体現されていた。そしてこのイメージに基づいてさまざまな世論が作られていた。

こうしたイメージが形成された理由の一つは、女性店員や事務員が商品販売やサービス関連の業務に携わっていて、都市消費システムの一部を担っていたからである。もう一つの理由は、彼女たちが先端ファッションを身に着ける「ぜいたく品」の消費者だったからである。

上海で女性店員が増え始めたのは一九三〇年代からだと考えられる。民国期の上海には、先施公司（一九一四年設立）、永安公司（一九一六年設立）、新新公司（一九二六年設立）、大新公司（一九三六年設立）などの百貨店があり、これらは四大公司と呼ばれ、モダン上海のシンボルとされていた。[14]

一九一七年に先施公司が上海に支店を開いたときには、女性の採用を禁止していた。その後新たに開店した永安公司や新新公司も女性を採用しなかった。しかし、三〇年代になると、上海百貨公司が販売員の性別を制限するのをやめた。当時、全国最大の百貨店として知られていた上海の永安公司が三一年に女性店員を使うようになり、五年後にはここの女性店員は約五十人に達し、全公司の職員の一〇パーセントを占めるほどになった。[15]

一九三〇年、不景気への対応策として各社では女性店員の採用が進んだ。女性店員をカウンターに立たせたほうが売り上げが伸びることがわかってきたからである。当時の新聞や雑誌は、女性店員の募集広告を数多く掲載していた。女性は「生きる看板」（「活招牌」）として活用されたのである。

不景気を背景に、百貨店はそれまでの方針を転換して女性を雇用して顧客の購買欲を引き出そうとしたわけだが、女性も不景気のために外に出て仕事をしないと家計が苦しくなるという状況にあった。つまり、喜んで働きに出たというよりも、仕方なくそうしたということだったと思われる。[16]こうして多くの女性が外で仕事をするようになったわけだが、それに対して、すでに述べたように、家の外で行動するのは儒教に反することだから女性を家に帰らせるべきだという主張（「婦女回家」）もされるようになった。

一九三〇年代には世界恐慌で失業者が増えたため、欧米諸国でも、女性は家庭を守るために職場を去るべきだという論調が強まった。女性は結婚や子育てによって国の将来の生産力を支えるべきだという考え方である。このような思想は中国にも伝わってきて、中国国内のフェミニストたちから反発を受けたが、女性が家庭で良妻賢母の役割に徹すれば、労働市場の競争を緩和できるという見方もあった。

それと同時期、女性店員は急速に増え、彼女たちの存在はメディアに注目された。最も多く議論されたものが「花瓶」という蔑称をめぐる問題だった。「花瓶」とは女性店員をさす言葉で、二〇年代末から政府機関のなかで使われ始めた。女性は「飾り」として雇われているだけで、実際の仕事には役に立たないという意味である。[17]

図24　「花瓶？花瓶！」
（出典：「女学生」第1期・1931年10月号、女学生雑誌社、23ページ）

「花瓶？花瓶！」という風刺絵（図24）は、オフィスの女性を花瓶にたとえ、両者が置き換え可能な存在だと皮肉っている。[18]女性店員を花瓶になぞらえるのは、彼女たちの能力を評価していないことを表している。男性職員によれば、「女性たちは上司に対して正しい礼儀ができず、具体的なルールや規則に従わず、一般庶民に対しても威厳感をもたない[19]」のだという。

女性自身も、上司からまともな仕事が与えられず、自分が「花瓶」として扱われていることを実感させられたという。「申報」は、ある女子大学生の「花瓶」経験について報じている。ある政府機関に採用されたその女性は、公務に携わることも出勤簿にサインすることもなく、仕事中はただ男性の同僚から話しかけられたり、仕事の帰りには夕飯やダンスホールに誘われたりするだけで、非常に困惑していたと書かれている。あとでわかったが、実はこの政府機関は職員に空きがなかったのに、男性職員らが上司に女性職員を入れてほしいと要望したが却下されたので、プライベートで「秘書」を二人雇ったのだという。彼女たちの給料は二十人の男性職員が分担して払っていた。「秘書」には実質的な仕事はなく、ただオフィスの雰囲気を調整することが期待されていたという。「秘書」の一人は事情を知るとすぐに辞職し、「これからは、盲目的に求人に応募することはたくさんだ[20]」と嘆いたという。

この記事からは、「花瓶」とは女性に色気を期待する男性の意識から生まれた言葉だということがうかがえる。高等教育を受けた女性であっても、会社が採用する基準は学歴や能力ではなく容姿やスタイルなどの「女らしさ」を求めていたということが、この言葉には表れていた。たとえば、「詠花瓶」という詩は、女性の美貌と姿態、とくに髪形と柳腰を重点的に描いている。(21) 纏足が廃止されると、これらが「女らしさ」が最も現れる身体部位とされたのである。

女性店員が「花瓶」といわれるのは、本人たちにも原因があると非難する記事もあった。それによれば、彼女らが使うのは臙脂《えんじ》（頬紅）も口紅も香水も欧米の舶来品で、オフィスにいても西洋商品の販売員にしか見えない

図25　花瓶的な存在の職業女性
（出典：汪仲賢撰文、許曉霞絵図『上海俗語図説』〔民国史料笔記叢刊〕所収、上海書店出版社、1999年、19ページ）

図26　百貨店の女性販売員
(出典:郭建英『建英漫画集』上海良友図書印刷公司、1934年、100ページ)

のだから、男性に外見を観賞される以外に彼女らには価値がなく、「花瓶」と呼ばれて侮辱されるのも当然だという。さらに、そういわれたくないのなら彼女らは国産品を使うべきだと主張し、同じように華やかに身を飾りたてても国産品ならば愛国心の表れだと受け取られ、「花瓶」などとあざけられることはないだろうと、この記事は述べている。[22]

　このように職業女性は実力がない飾りものの「花瓶」(図25)と軽く見られる一方で、彼女たちも商業主義の被害者だと同情する声もみられた。

　というのも、百貨店や会社はただ客の気を引くために、できるだけ容姿端麗の女性を雇いたいだけなのだ。女性の解放に貢献するために彼女らに職を与えたのではなく、大衆心理に媚びて商売を成功させ利益を得るために、彼女らの「性的魅力」を利用したいだけなのである。そんな会社にとって働く女性の「価値」とは、彼女たちの学識や技能ではなく、花のような若さだけなので、年を取れば価値がなくなり、職を解かれてしまう。その意味でまさに彼女たちは装飾用の「花瓶」のようだと、指摘する記事もあった。[23]

　一九三〇年代の上海の百貨店では、商品名に「皇后」、「西施」(中国四大美人の一人)、「美人」といった言葉を付けて女性店員を呼ぶことがあった。たとえば、アメリカの万年筆ブランドのコンクリンを販売する女性なら

「康克令皇后」、水仙花ブランドの魔法瓶を販売する女性なら「水仙花皇后」、靴下を販売する女性なら「襪子皇后」などと呼んだのである。顧客は商品を購入するだけでなく、女性店員の「女性性」も付加価値として求めていたことになる。当時、多くの男性客にとって販売員が女性であるということが店に足を運ぶ理由になっていた(図26)。つまり、女性から買うことが商品の「付加価値」になっていたわけで、女性は商品を販売するだけではなく、女性自身が商品の一部になっていたといえるだろう。[24]

女性たちの魅力を彩ったのはさまざまなデザインの「海派旗袍」だった。海派旗袍の「海派」とは、商業主義を重視する上海を中心とした大衆文化をさし、北京を中心とした政治重視の「京派」文化と対をなすものである。これは北と南、保守と解放、政治と経済というように、近代中国を表す語の一つといえる。大衆の嗜好に合わせて「女性」を利用した商売法も、この「海派」文化の表れといえるだろう。

図27　女性の魔力
(出典：懐素「魔力」「上海漫画」第8期表紙、中国美術刊行社、1928年)

女性の旗袍姿は新聞や雑誌にたびたび登場し、商品広告に使われたり複製されたりして、中国全土に流通した。短髪に赤い唇、モダンな旗袍、しなやかな身体といったその特徴は、大衆の目に焼き付いた(図27)。

海派旗袍の素材には、さまざまな「舶来品」がみられた。透ける生地、フランスのベルベット、レース、紗、綢、緞子、ウール、木綿、透明の化繊など、あらゆる生地を外国から手に入れることができた。衿や袖口、スリットの深さなど、旗袍のデザインには、さほど大きな変化がないものの、素材の違いによって、全体的な雰囲気はまったく違ったものになった。これも旗袍の魅力の一つだが、さまざまな階層の女性、たとえば、官僚夫人、知識人、教師、店員、職員、学生、女工、主婦、交際花（社交界の花）、妓女など、誰もが必ず自分に似合う旗袍を見つけることができた。一般的に、素朴な色の生地や格子・縞模様の生地、一世を風靡した藍色綿布の陰丹士林布で作った旗袍は、女学生や女性職員、良家の娘たちに人気だった。上流階級の貴婦人の礼服などには華麗で鮮やかな緞子やベルベットなどの素材が使われた。

「女性の魔力」を危険視する男たち

女性が労働者として外で働くことは昔からあったが、百貨店の店員や金融機関の事務員などの職業は、消費社会の産物だった。前章で述べたように、エリート男性は女性の身体に救国の課題を託したが、女性は消費社会からも新たな労働力として要請を受けていたといえる。女性店員という職種の出現は、経済社会のなかで性別による制限が緩くなったことや、社会経済の変化によって女性労働力に需要が出てきたことを反映していたといえる。

この新しい労働力の需要を通して、女性の社会的地位も変化した。そして、教育を受けた女性たちが多数社会に進出し、本来は男性の領域である仕事を奪おうとするのではないかという議論が盛んになった。このことからは、女性の社会進出が女性自身の社会的地位を変化させただけでなく、労働市場での競争という点で男性たちに焦燥感を引き起こしたことがうかがえる。男性たちが女性店員を「花瓶」だと揶揄したことは前に述べたとおりだが、同時に女性の社会進出は従来の男女の秩序を破壊するとし、女性は家に戻って良妻賢母の役割を担うべきだという主張も出てきた。

どちらの議論も、伝統的女性観からの逸脱に対する困惑や新たな性別秩序への不安からきている。それまでになかった職業女性の出現に、男たちは困惑したのだ。女性の社会的位置づけをどのように定めるべきなのかということと、女性がいる職場で男性自身のプライドをどう維持するかという二つの問題が、男性に二重の圧力となってのしかかったからこそ、職業女性の存在は議論の焦点になったのである。

先にみたように職業女性は「被害者」として描かれることもあった。だが、一方で「危険な存在」というイメージも作られていった。その場合、最も危険なのは男性の仕事が奪われることだった。「男職員底恐怖」（男性職員の恐怖）という記事を紹介しよう。「いまの社会はおかしい。将来的にわれわれ男が飯も食えない日がやってくるだろう。十年前の会社には、女の事務員がまったくいなかったのに、いまは会社にあっちこっち女性が見られ、男たちはどこにいってしまったのかわからない。残った男性もごく一部で、おそらく遠くない未来に彼女たちに食べられてしまうだろう。将来、男たちが家に戻って子育てをし、この世界をすべて女性に差し上げることになるだろう。現在、なぜ誰もが好んで女性を雇うのか、本当にわからない。人々の心が変わったのか、あるいはもとの世界ではなくなったのだろうか[25]」

女性は仕事ができないお飾りの「花瓶」と軽蔑していた一方で、男性の仕事が奪われるのではないかと不安に駆られるのは矛盾しているように聞こえる。しかし、女性の職場進出は、間違いなく男性の世界にとって「脅威」だった。「三従四徳」の儒教論理に従って纏足で足を縛り家のなかにいた女性たちが、セクシーなファッションに身を包んで続々と社会に出てきたのを見て、男たちは驚いたのだ。赤い唇にハイヒール、パーマネントに海派旗袍という姿の女性に、男たちはこれまでの世界が崩れていくことへの不安を感じたのである。

女性を危険視したもう一つの理由が、まさにこのモダンな姿だった。だが、このモダンな装いは、女性が経済的に自立して手に入れたものではなく、男性の財力によって可能になった場合が多かったため、新聞や雑誌は、彼女たちを男たちの財布の殺し屋と批判していた。

一九三三年の新聞記事に、ある記者が友人のエピソードをつづっている。その友人は毎月の収入は三百元だったが、モダンな妻は五百元ないと満足できないという。衣服だけで毎月二百元使っていた妻を、友人は無理して支えていたのだという[26]。このように三〇年代になると、モダンガールの「魔力」は従来の男女の力関係を逆転させるとみられるようになった。こうした道徳観の再編成を引き起こした女性たちは、大衆から「脅威」とみられるようになっていたと思われる。

「女性的魔力」という記事は、次のように職業女性を描いている。「女性の魔力はとても偉大で、彼女たちの動きは男性たちの快楽と苦しみを左右する。モダンガールはどこに行っても男性たちの目を引き、彼らはモダンガールのために闘いもし、自殺もする。彼女たちの魅力は世界文明を作ることもできるが、社会秩序を壊すこともできる。どの遊園場のウエートレスも百貨店の販売員も、魔力を発揮して多くの客を引き寄せ、多額の売り上げを作り上げている。いまの社会は女性がいないと何もできない。女性の魔力が世界文化のエネルギーである。もし、南京路にモダンガールがいなかったら、各店の舶来品の売れ行きが落ち、寂しい街になるだろう。オフィスにモダンガールがいないと、男性社員はきっと元気がなくなり、汚い空気が漂うのだ。「花瓶」のような女性がいると、いい香りが漂って人々を元気づけ、男性社員が新郎のように着飾るのだ。これは女性の魔力の偉大な効果である[27]」

モダンガールは社会問題ととらえられてもっぱら負のイメージで語られるが、職業女性をめぐる議論はもっと多面的だった。たとえば、百貨店の女性店員はモダンガールの一種とみられて「花瓶」と揶揄されたが、先にみたように商業主義の被害者というイメージや男性に脅威を与える者といったイメージももっていた。一般にモダンガールと職業女性は同一視されがちだったが、それは実態に即したイメージではなく大半は想像によるものだったといえる。広告などのメディアに登場するモダンガール像を、この時代に現れた新しい女性集団に当てはめていたのだが、それは女性たちの実像とは一致しなかった。これに対して、女性店員たちの間では「花瓶」イメージに反論していたことが、当時の記事から読み取れる。

新聞社主催の女性店員の座談会では、ある出席者は、男性店員と同じ仕事をしているのに、なぜ「花瓶」と呼ばれなくてはいけないのかと疑問を呈している。「専門的技能」をもとに仕事をしているのであって、「性別」で仕事をしているわけではないのだから、自分たちは「花瓶」とは区別されるべきだと訴えている[28]。

また、この座談会では、女性店員が着るモダンで華やかな衣装は会社から提供されたものであって、着たくて着ているものではないという発言があった。しかしその一方で、衣服に費やす額が毎月五、六元（女性店員の月給は十八元）であることは認めている。これは月給の三分の一にあたり、食費が出費の大半を占める一般の女性と比べると、かなり大きな違いである。(29)

別の新聞記事では、ある女性店員は、会社からきれいな服を着るように要求されたことに不満を抱いていると述べている。月給は二十六元しかなく、自分の小遣いの六元を除いて残りはすべて両親に渡して家計を支えているので最新の服を買う余裕はなく、同僚の女性店員と比べると自分が劣っているように感じられるという。しかも、会社からは勤務態度の問題点で「もっと華麗な衣服を着るように」と指摘された。改善しないなら職を失うこともありうるとほのめかされたという。(30)

移民都市である上海では「只重衣衫不重人」（中身ではなく、衣服など外見で人を判断する）といわれ、外見を表す衣服を重視する傾向があったが、女性店員にはそれが極端に強く求められていたことがわかる。

一九三〇年代に女性店員が増えたのは、不景気への対抗策として、経営者が「性別戦略」を採用した結果である。顧客の購買欲を刺激して利益を得るために、女性を店員として接客にあたらせたのは「魔法の武器」だった。その結果、女性店員の出現は、男性が支配していた職業の領域に進出することになった。絶対的な人数は少なかったが社会的影響は大きく、労働市場での性別秩序を変化させることになり、従来の性別役割分業のあり方に一石を投じる結果になった。メディアでもさまざまな議論を呼び起こし、女性の社会進出を支持する声もあれば、家に戻って「良妻賢母」になるべきだと反対する声もあり、さまざまな意見が飛び交った。

とくに「花瓶」というレッテルが貼られたことに女性自身が反発し、また、性的アイデンティティーがそのまま仕事のアイデンティティーとして判断の基準になることに疑問を感じていた。(31) 彼女たちは、ぜいたくのために男の財産を食いつぶす「危険な」モダンガールとは違い、自分たちは経済的に自立した職業女性としてのプライドをもっているのだと強調し、両者を区別しようとした。

職業女性にはこのほかにも学校の教師や看護師がいたが、彼女たちは「花瓶」とは呼ばれなかった。女性教師や看護師にはもともと、「性格が温厚で、他人の気持ちがわかる」という社会のイメージがあって、「母性の延長」にある仕事だと見なされていたからである。その意味では、これらの職業も、専門知識や技能よりも、女性の属性が重要視されていたといえるだろう。女性教師や看護師は、モダンガールのような華やかな旗袍は身に着けなかった。そのことからも「花瓶」と見なされることはなかったのである。

また、工場の女性労働者も別の意味で「花瓶」とは見なされなかった。彼女たちには「花瓶」のようには購買力がなく、最新の旗袍を手に入れることはできなかった。労働者である彼女たちを評価する基準は、「容姿」でも性別でもなく、賃金の対価である労働力だけだった。

これらの女性たちと比べると、オフィスの事務員や百貨店の店員を選考する場合、企業側は「女としての特徴」を重視し、「労働者としての特徴」はみていなかった。この点からも、女性店員や女性職員が自分で「花瓶」のレッテルを払拭するのは難しかったと思われる。

一部の男性エリート層の間では、女性解放や女性の経済的自立を支持する議論があったが、保守的で儒教道徳の伝統が強い中国社会では、反発のほうが大きかった。前述の記事からもわかるように、職業女性として家の外に出た女性にとって、男性中心の社会で生きる道は困難なものだった。男たちは女性の仕事の能力よりも、「女性性」に注目していた。

「花瓶」問題は、女性が伝統的な家事労働以外の仕事をすることへの反発と、女性が享楽的な消費生活を送ることへの批判から生じたものと考えられる。女性店員という存在は、女性の商業への進出は国を救うという国家主義的な論理に導かれて出現したともいえる。女性職員を雇う店舗を作り、女性の貯蓄を扱う女子銀行を開設して女性の力で国を救おうという大きな構想が、その背景としてあった。

一九一九年の五四運動以後、女権運動は個人の自立、とくに経済的自立が主流になった。この時期の女性の社会進出は愛国精神に基づく側面があったが、清末・民国初期に比べると、女性の社会貢献を重視し、さらなる就職の機会を作り出すべきだという意見が強まっていた。

こうした議論からもわかるように、近代という新しい時代になってから、かつてないほど多くの女性が家から解放されて社会に進出した。その意味でそうした女性はすべて「近代女性」だったが、そのなかにモダンガールと呼ばれる女性たちがいた。男性の財力で消費を楽しむ女性は、購買力をもっているが経済的に自立していないことからしばしば世論の批判の的になり、モダンガールの典型とされた。また、オフィスの事務員や百貨店の店員などの職業女性も、「花瓶」と揶揄され、モダンガールそのものだと見なされた。しかし、確かに能力よりも華やかな「女性性」が売り物と評価されていた点でモダンガールに近い側面があるが、本人たちは「花瓶」という蔑称に反発していた。若さと女性らしさが買われて会社に雇用された一方で、それを否定して自分の能力を主張するという二面性が、こうした女性のうちで葛藤を引き起こしていた。それに対し、同じように社会に進出していても、労働力を売り物にしている工場の女工たちは、モダンガールと呼ばれることはなかった。一九二九年の統計によると、女工は労働者全体の六一パーセントを占めていたが、「工場の女性化」だと危機感を抱く者はいなかった(32)。女工は消費力をもっていないだけでなく、労働力を売って報酬をもらう労働者という社会的イメージのほうが強かった。だが女工たちもまた、間違いなく「近代女性」の一部を形成していた。一方、教師や看護師など専門職の女性は職業女性の典型ではあるが、「女性性」ではなく「母性」をイメージさせることから、モダンガールとは呼ばれなかった。

これらの女性集団を比較してみると、モダンガールといわれる女性の特徴は少なくとも二つある。一つは消費、もう一つは「女性性」である。その意味で、モダンガールの代表といえるのが映画女優だった。

3――「女優日記」にみる旗袍が象徴する時代

女優が見せた「女らしさ」と旗袍

時代の世相を調べるとき、当時の新聞や雑誌といったメディアを史料にすることが多い。ここでは、「女優日記[33]」という私的なことをつづった記録を通してモダンガール本人の「声」に焦点を当てたい。そうすることで、政府の資料や檔案といった公の記録にはみられない「沈黙させられた女性」の存在を明らかにできる。

論考を進めるにあたって、すでに何回か触れたが、伝統的な中国社会では、女性に求められるのは「女子無才便是徳」だった。すなわち、女性は才能や知識がなくても、伝統的な道徳を守ればいいという教育観である。女性に必要なのは、結婚生活や家を継ぐ際に必要な「術」を継承することで、読み書きの能力などは含まれなかった。女性が一人の人間として何かを主張することが許されなかったことがこの言葉から読み取れる。

そういう意味で、中国社会では長い間、女性は「沈黙させられた集団」で、みずから「声」を上げることがなかった。だが女優・雪映（図28）が書いた日記からは、その「沈黙」の向こうにあった、女性の感情や思考を垣間見ることができる。

日記の言葉遣いや語彙から、雪映はある程度の教育を受けたモダンガールだったことが見て取れる。一九三〇年代の上海の職業女性の生活を書いた貴重な史料であると同時に、恋愛感情も生き生きと描いてあり、当時の女性の意識を知るうえでも貴重である。

もちろん、日記に書いてあることは、すべて事実とはかぎらない。しかし、一九三〇年代上海の一人の女優の心の軌跡が多くの読者を引き付けたのは確かである。職場での賢い対応、私生活での喜怒哀楽、恋愛と結婚に対する考え方、ファッションセンス、「女」の見せ方、女優のプライドと現実に対する失望などは、読者の好奇心を掻き立て、「女優とはどういうものかを知りたい」という大衆の願望を満たしたものと思われる。筆者も雪映の日記を一気に読み、彼女の人生に引き込まれた。

この時期、女性にまつわる多くの記述は、当時の男性が好む女性像を流布して固定化するものばかりだった。女性がみずから筆を持ち、自分の思いを発表する機会は少なかった。それだけに、雪映が執筆した「女優日記」は、当時の女性の本音を知ることができる貴重な史料である。みずからの職業と、それを支える女性としての生き方を描いていて、これを分析することで、当時の女性の「女」としての生き方と、女性が旗袍を身にまとったことの意味を探ることができるのである。

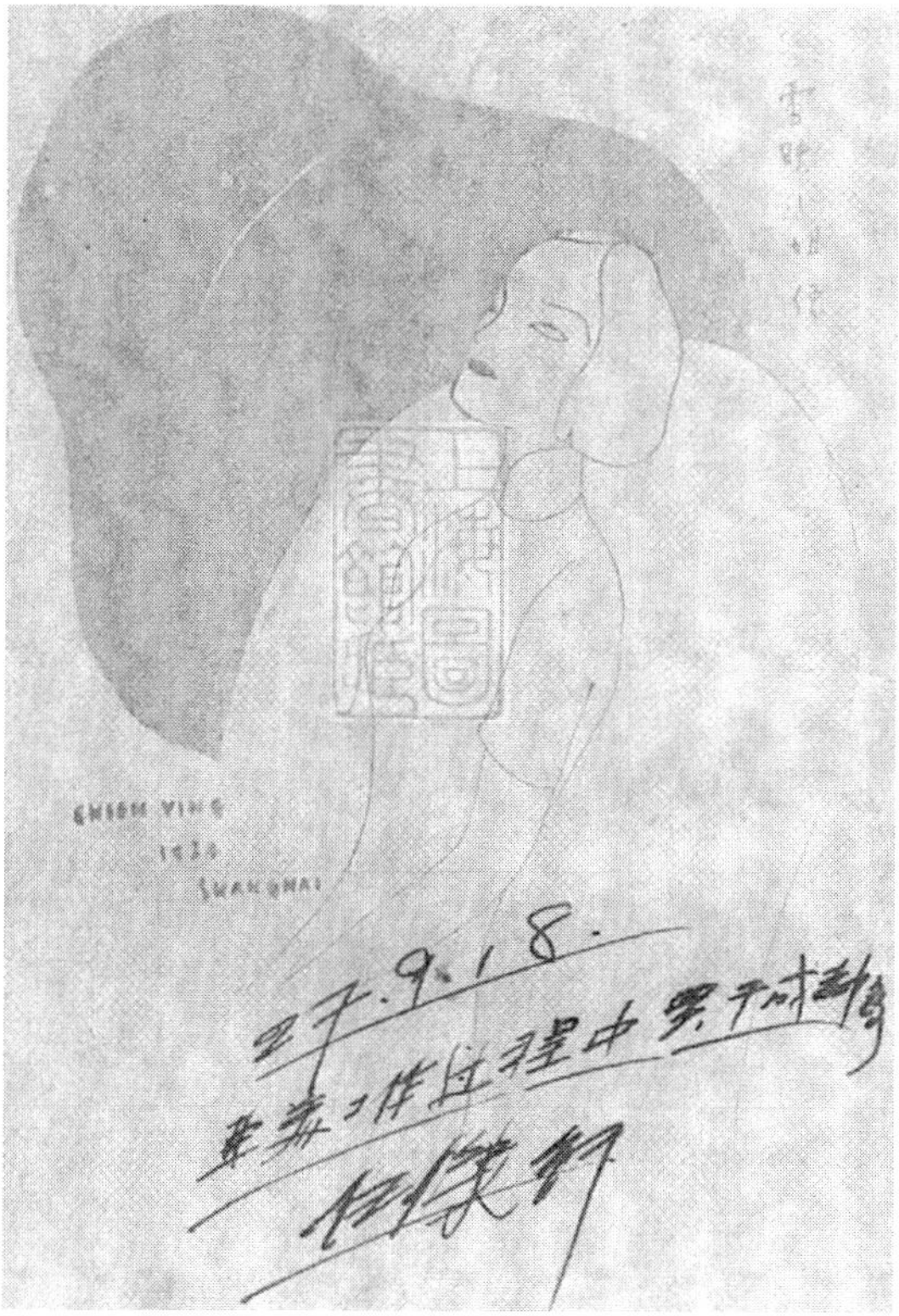

図28　雪映小姐像
（出典：雪映『女優日記』上海良友図書印刷公司、1934年、奥付）

雪映の「女優日記」のなかには旗袍に関する記述はそう多くない。それでも、ファッションについて書いたなかに、「新装」のような曖昧な表現ではあるが、旗袍の色と素材、着用する状況などがある。

［事例1］

「親戚の十七、八歳の少女・素莉が映画好きで、女優になりたくて上海に来た。身に着けていた白い短い上衣と黒いスカートはちょっと前までの先端ファッションだったが、三〇年代になるともう古くなった。女優になりたいなら、まず旗袍を着せないといけない。少女に新しい旗袍を作ってあげてから映画会社に連れていった。

少女がもってきた服は古い服ばかりだったから、けさ仕立職人に頼んで、モダンな服を作ってほしい、と家に来てもらった。私は七元ぐらいの淡い緑の凸花綢（絹織物）の生地を少女にプレゼントした。しかし、仕立ての値段は、レースや縁取りを合わせて十一元あまりしたのだ。この「時髦」（モダン、最先端）は、内陸の人は夢にも思わなかっただろう。翌日の昼、職人ができあがった新しい旗袍をもってきた。とてもぴったりして、胸とウエストからボディーラインが見え、とくに、胸の輪郭が着たときの古い白上衣よりも明確になった。エキゾチックなセクシーさが漂っている。少女自身も鏡を見て驚いて、喜んでいた。私は成衣匠（仕立職人）の技術を褒めたたえた。旗袍を着た少女に化粧を施した。唇に紅を付けて、頬に臙脂、目に藍色のアイメイク、指に赤いマニキュアをつけると、完全にモダン少女に改造された。

改造がすんだモダン少女を連れて、監督に会いにいった。すると、監督が少女を四方八方から観察し、身長やウエスト、足の長さなどを目で測った。最後に、バストも測って、少女に自分で旗袍の裾を開いてもらい、太ももを見せてほしいと要求した。少女は戸惑っておびえていた。しかし、私は目で少女に抵抗しないように指示した。バカね、身体のラインを詳しく検査しないと、女優として使えるかどうか、わからないでしょう[34]」

女優になるには、旗袍というモダンファッションは欠かせないものだった。雪映は女優志望の親戚の少女のために旗袍を仕立て、それを着せて撮影所に連れていき、監督にスタイルを細かくチェックさせている。戸惑う少女に雪映は、監督のチェックには抵抗しないようにとうながし、身体のラインを確かめないと女優として使えるかどうかはわからないから当然のことだと断言している。

女優という職業にとって重要な身体を効果的に見せるのが旗袍であることが、この日記からうかがえる。女性をセクシーに見せる「海派旗袍」（一九三〇年代から四〇年代に流行した緩やかなボディーラインを表すドレス）は、一九二〇年代に流行した「新型旗袍」（ボディーラインを隠すドレス）とは違った役割を果たしていることがよくわかる。

［事例2］

「広東行きの船のファーストクラスで、ある銀行の頭取を務めていた男がパーティーを開き、上海の女優たちを招待した。パーティーのときに、広東の女優は濃い化粧をし、艶やかなファッションをまとっていた。それに対し、私や親戚の少女の素莉は、黄色の薄いシルクの旗袍や無地の旗袍を着ていた。濃い化粧の広東の女優たちは娼婦のようで、男たちの好みでなかった。上海の女優の薄化粧とシンプルな旗袍は、それとは逆に美しくて、多くの男性が上海の女優のモダンな素足に引かれてとりこになったのだ(35)」

雪映は、上海の女優が身に着けている旗袍が、広東の女優のファッションよりも洗練されていて、男たちの心をつかんでいることを自負している。

［事例3］

「ある日、お祝いパーティーに参加した。上流階級の官僚とその夫人、商人、紳士が多い。私は紫色のインドシルクで作った旗袍を着ていた。旗袍の袖が短くて、肩にショールをかけていた。短い靴下だけをはいていて、ももは露出している。広州は風紀に厳しいから、ストッキングをはくことが敬遠されている。何とか先日ストッキングを買ったけれど、結局、色が旗袍と合わなかった。それなら、そのままの素足のほうが美しいだろうと思い、冒険しようと思った。本当に警察が素足の私を捕まえるかどうかを試してみようと思ったのだ。ところで、会場の紳士たちは、みんな目を見張って私の素足をじっと見ていた。これは、古い道徳を提唱する革命聖地の欲望をあらわにした変態だろうか。また、夫人たちも同じように私を見ていた。彼女たちのまなざしに、驚きと恨み、嫉妬とうらやむ気持ちが全部入っている。膝の下が素足というだけではなく、膝の上の太ももも「公開」しているからだ。旗袍のスリットからあらわになった太ももには、誘惑を感じさせる素肌からにじみ出たセクシーな潤いと光沢があった。このパリ製の腿のファンデーション（擦腿粉）は、広州ではおそらく私しか使ってないだろう。私以外にこのファンデーションをもっている女はいないだろう。こうして、しばらく金持ちたちと会話を交わし、豪富の名刺を十枚ぐらいもらった。全会場から、注目のまなざしが私に注がれていた[36]」

女優という職業にとって身体をどう見せるかは大事なことである。雪映は撮影現場でなくとも、「女性をセクシーに見せる」というプロ意識をもっている。パーティーに招待され、海派旗袍に包まれた彼女は、女性らしさを示す旗袍の魅力を最大限に披露し、男たちをとりこにしたことが見て取れる。

［事例4］
「杭州に撮影に出かけたとき、淡い緑色の綢旗袍を着て、その上に縮緬のコートを羽織っていた。助演女優の恵妹は茶色の旗袍を着ていた。映画ファンの杭州の女学生は、西湖の撮影現場を見にきたとき、藍染めの上衣下裳の制服を着ていた[37]」
「ダンスホールに、ほかの映画会社の女優の三姉妹もいた。三人とも淡い黄色い旗袍を着ている[38]」
「広東の映画撮影に出かけた船では、パーマをかけた長い髪に、旗袍を着ていた。海風が吹いてきて髪が乱れ、旗袍が体に巻き付いた。風が旗袍の袖口から下着まで届いて、風に包まれて全身が優しくなでられているようだ。この美しい海の景色は、しばらく見てないが、大自然はなんと美しいことか[39]」

これらの記述からは、主演や助演を問わず、女優の間に旗袍が流行していることがわかる。また、待ち伏せしていた女学生たちの様子から、女優という職業は雑誌・新聞のゴシップのネタとして大衆に消費されながらも、「電影明星」（映画スター）として憧れの的であることも見て取れる。海の風に吹かれ、大自然の美しさに感嘆し、それをシルクの旗袍にたとえた描写から、雪映が「魔都」上海でモダンガールとして闘い続けてきて心身とも疲れ、癒しを求めたくなっている心境も推測できる。

新聞記事が雪映の美しい容姿や旗袍と身体のセクシーさを描写したことに、彼女は満足のようだ。自分の化粧技術は、多くの男たちの心をつかんだだろうと自慢げに書いている。

［事例5］
「新聞記事に私のことが描かれている――きれいなパーマネントが肩にかかって、上品で艶やかな化粧は人々を照らしている（艶光照人）。薄紫色の旗袍からのぞく素足は桃色で、それを見るととても好きになって、離れたくなくなるだろう――私の化粧術は男たちの趣味を見事につかんだと思う[40]」

雪映の月給は三百元だった。ある月はそのうちの二十五元を旗袍の生地に使っている。ほかには、化粧品やチョコレートといったものも、当時のモダンガールの愛用品だったことがわかる。お金が足りないことが多く、日記からは給料の前払いに関する記述が多くみられる。また、友人の女優の給料や映画監督の収入も書いてあるが、雪映の報酬のほうが上だったことがわかる。

［事例6］
「毎月の家賃は七十五元だった。先月の給料を早く使いきったので、使用人の女性を会社に行かせて今月の給料三百元を前払いしてもらえないかと尋ねたけれど、百元しかもらえなかった。私はその百元をもって百貨店（永安公司）に行き、青い旗袍の生地を二十五元で、化粧品を八元で、チョコレートを五元で購入した[41]」

このように旗袍に直接言及した記述はあまり多くないが、映画の役作りや日常生活で着る服、また男性たちとのデートや大事なパーティーでの装い、親戚の少女をモダンガールに変身させた服といった記述から、一九三〇年代の旗袍は、モダンガールにとって欠くことができない服だったことは読み取れる。

女優が着る旗袍はどこが美しいのか。男たちは旗袍のどこに魅了されたのか。また、同じようにボディーラインを見せていても、中国女優の旗袍姿とハリウッド女優とはどう違うのか。次は、女優が旗袍をどう効果的に見せていたかについて考察してみる。

旗袍の情趣

上海の消費文化はアメリカの資本主義文化を手本にしているが、完全な模倣ではない。映画もそうである。映画館はそれまでにない新しい公共空間だったが、それを作るために、ハリウッド映画産業はさまざまな工夫をし、とくに女性の観客の嗜好に合わせてきた。

映画のストーリーよりも、女性が憧れる女優の写真を雑誌に掲載し、ゴシップやモダンなファッションなどを喧伝した。そのため、服飾とモダンなライフスタイルが「現代女性」という新しい女性像のほとんどを作り上げていた。中国の映画女優はこの新しい世界の化身だった。

一九二七年に発表された中国映画の社会環境に関する調査報告書がある。それによれば、全国に百六館の映画館があり、席数は六万八千席に及んでいた。それらは貿易港をもつ十八の大都市に分布していた。とくに、百六館中二十六館は上海にあった。三〇年の映画チケット代は二角から三元（〇・〇七ドルから一ドル）だったという。二〇年代後半から一部の劇場を改造して映画館に転換していったのだが、当時の上海には有名な映画館がたくさんあった。たとえば、Carlton（卡而登）、Empire（恩派亜）、Embassy（夏令配克、オリンピックの前身）、Palace（中央）、Victoria（維多利亜）、Paris（巴黎）、Isis（上海）、Majestic（美琪）などがそうである。[42]

これらの映画館は、ハリウッド映画の初演上映権をもっていた。その後、大光明映画館が二千席の客席と空調を備えて開館した。ハリウッド映画と中国映画が同時に上映され、映画館は都市文化の新たな生活空間になった。

ハリウッドで最初のトーキー映画が上映された翌年の一九二七年に、上海でもトーキー映画を上映するようになった。三一年には中国でも最初のトーキー映画が制作された。[43]三〇年代末になると、上海の映画館は三十六館にのぼった。

図29　民国期の上海女優：胡蝶
（出典：沈寂『老上海電映明星』上海画報出版社、2000年、25ページ）

このように、中国の映画界には、ハリウッド映画の影響が大きかったことがわかる。しかし、中国の映画雑誌に掲載される女優の写真には、ハリウッドスターのような大胆なセクシーさはなかった。たとえば、当時のハリウッド女優を紹介する写真には、肉体美や濃い化粧、肌の露出度が高いものが多かった。これに対し、中国の著名女優である胡蝶（図29）や阮玲玉（図30）などの写真は、露出しているのは両腕ぐらいでほかの部分は旗袍に包まれていた。この違いは、女性の美の認識

図30　民国期の上海女優：阮玲玉
（出典：林剣主編『上海時尚——160年海派生活』上海文化出版社、2005年、8ページ）

の仕方の違いだと思われる。

　こうした女優の写真は、父系社会の価値観に基づいて男性に観賞されたのだろうが、同時に、中国女性の新たなイメージの形成にも効果的だったといえる。新女性たちは、人前で自分を見せることを恥ずかしいとは思わなくなったのだ。「女優日記」の雪映もそうした女性の一人である。旗袍に関する描写にはすでにみたように、自分がどのように体を見せれば男たちの心をつかむことができるのかや、旗袍を着せて田舎娘をセクシーなモダンガールに変身させたことを武勇伝のようにつづっている。

　旗袍のどこに「美」があるのだろうか。民国期の旗袍は、かつて服に隠されていた女性の身体が「個としての人間」を表現するようになった。西洋の立体裁断法の導入などによって、徐々にボディーラインを強調するデザインに変化した。具体的には臀部、胸部、腰部のラインを強調し、S字形の曲線を作り出すようになった。現在も旗袍が着続けられている理由の一つはこの点にある。つまり、旗袍は左右前後、上半身・下半身、腕・足まで、どこから見ても身体の凹凸がよくわかるようにできていて、これが最大の魅力だと言われている。[44] 雪映が親戚の少女・素莉に新しい旗袍を着せて撮影所に連れていったとき、監督が「四方八方」から素莉を観察した描写を思い出してほしい。

　ハリウッドの女優と違って、中国の女優は、露骨に体を露出するのではなく、旗袍という服の構造からにじみ出る魅力を利用していた（図31）。旗袍の美の原則は、女性の体のラインをきれいに表現できるかどうかにある。

図31　女優の旗袍
（出典：楊金福編著『上海電影百年図史 1905―2005』文匯出版社、2006年、102ページ）

ここでいう「きれい」というのは、単なる肉体美ではなく、中国の古典的な美学である「隠すこと」と「露出」のバランスがよく、見ていて居心地がいいという感覚を意味する。とくに、旗袍の両側に入ったスリットは、男女を問わず見る者の目を奪う部分だ。

このスリットは満洲人の女性の旗袍に由来するものだが、民国期の旗袍にスリットが入るようになったのは一九二〇年代からだった。スリットの効果は二つある。一つは歩きやすくするためだが、もう一つは動きに合わせてスリットから足が見え隠れすることで、朦朧とした美が生まれることである。旗袍のスリットの深さは、三〇年代に裾丈が最も長く、スリットは太ももが見えるほど深かった。いわゆる「掃地旗袍」と言われる旗袍である。その後、スリットの深さは旗袍の裾丈のバランスと合わせて、高くなったり低くなったりして、流行の波を繰り返している。

スリットの何が「美」とされるのか。中国古典美学には、「隠」（隠す）と「秀」（露出）という思想がある。「隠」も「秀」も作為的なものではなく、自然なものをよしとする。「隠」とは、含蓄があって表層からは見えない深い意味が隠されているということであり、女性の手足を含む人体美のことを表している。一方「秀」とは、女性の豊満でみずみずしい身体美、白く雪のような肌や玉のような肌色のことをいう[45]。

旗袍の「露出」とは、西洋でいう肌の露出とは違うものである。楽しんでも度を越さない（楽而不淫）ようなバランスがとれた「美」をいうのだ[46]。つまり、「中庸」の思想である。性的な魅力もあるがそれをあらわにしない慎みもある。また、保守的なデザインのなかにセクシーな細部を作る。この「隠」と「秀」のバランスに隠された旗袍の「情趣」は、西洋の服にはない魅力であり、民国旗袍が実現した最も斬新な創造である。『魔都上海』の作者である劉建輝の表現を借りると、「襟を高くし、かつ絶対胸元をあらわにしないのは、中国女性の伝統的な尊厳を表すもので、逆にスリットを高くして、太ももまで露出するのは西洋的「時髦」（Smart）を追求し、女性の「解放」をアピールするものだといわれている。つまり、旗袍のこの上下半身の不均衡な「演出」は、そのまま「華洋」二つの上海の表れであり、またこの土地の一流の「融合」だったといえるだろう[47]」というのが民国旗袍の美なのである。

注

（1）モダンガールについては、近年国際的な共同研究が進展しているが、東アジアで起きたモダンガール現象については、「モダンガールの像は、東アジアの植民地的近代では、いまだに不在のモダンな女性をめぐるさまざまな層の願望、欲望、ファンタジーの投影」と位置づけられている（伊藤るり／坂元ひろ子／タニ・E・バーロウ編『モダンガールと植民地的近代――東アジアにおける帝国・資本・ジェンダー』岩波書店、二〇一〇年、二ページ）。民国期の上海ではこうした幻想のモダンガール像が実存のモダンガール――女優、交際花（社交界の花）、百貨店の女性店員――によって可視化されていたが、そのときに大きな役割を果たしていたのが、彼女たちが身に着けていた衣服や髪形、化粧、ライフスタイルだった。

（2）「摩登考異」「申報」一九三四年九月十日付
（3）劉怡「都市風俗の象徴としての「摩登女性《モダンガール》」」、前掲「アジア遊学」第六十二号、一二一―一二九ページ
（4）雪映『女明星日記』上海良友図書印刷公司、一九三四年
（5）中華民国政府は、こうした行き過ぎたモダン現象を抑え、中国資本を提唱するために、国貨運動年（一九三三年）、婦女国貨年（一九三四年）、児童国貨年（一九三五年）、学生国貨年（一九三六年）などの国貨年のキャンペーンをおこなった。
（6）潘君詳編『中国近代国貨運動』中国文史出版社、一九九六年
（7）許慧琦「摩登女郎環球行――評 The Modern Girl Around the World: Consumption, Modernity, and Globalization」「近代中国婦女史研究」第十七期、中央研究院近代史研究所、二〇〇九年、二九一―二九二ページ
（8）「克雷斯」「申報」一九三〇年十月十日付
（9）「女子解放万歳」「申報」一九三二年八月七日付
（10）屠詩聘主編『上海市大観』下編、中国図書編訳館、一九四八年、七四ページ
（11）「新都婦女職業談」「申報」一九二九年五月二十四日付
（12）「上海破天荒女子新職業」「申報」一九二九年十二月十四日付
（13）許慧琦「訓政時期的北平女招待（1928―1937）――関於都市消費与女性職業的探討」「中央研究院近代史研究所集刊」第四十八期、中央研究院近代史研究所、二〇〇五年、五三―五四ページ
（14）邱処机主編『摩登歳月』上海画報出版社、一九九九年
（15）郭官昌「上海永安公司之起源及営業現状」「新商業季刊」第二号、滬江大学商学院、一九三六年、四〇ページ
（16）羅蘇文『女性与近代中国社会』（近代中国社会史叢書）、上海人民出版社、一九九六年、四〇二ページ
（17）楊振声「女子的自立与教育」「独立評論」第三十二号、独立評論社、一九三二年十二月二十五日、一一ページ
（18）「女学生」第一期・一九三一年十月号、女学生雑誌社、二三ページ
（19）「論花瓶」「申報」一九三三年七月二十五日付
（20）「他們的「正動」和我的「反動」」「申報」一九三三年三月二十六日付

(21)「詠花瓶」「申報」一九三三年五月十九日付
(22)「花瓶」「申報」一九三三年五月二十五日付
(23)「花瓶」「申報」一九三四年十月一日付
(24)「女店員」「申報」一九三三年八月三十一日付
(25)「男職員底恐怖」「申報」一九三三年三月十九日付
(26)記者「摩登婦女為婦運之障礙」「婦女共鳴」第二巻第二期、婦女共鳴社、一九三三年、六三ページ
(27)「女性的魔力」「申報」一九三三年六月六日付
(28)「女店員座談会 職業婦女内外生活之透視」「大晩報」一九三五年四月十二日付
(29)羅志如編『統計表中之上海』(「国立中央研究院社会科学研究所集刊」第四号)、中央研究院社会科学研究所、一九三二年、七九ページ
(30)「頂好衣服要穿得華麗些」「申報」一九三三年三月八日付
(31)連玲玲「「追求独立」或「崇尚摩登」? 近代上海女店職員的出現及其形象塑造」「近代中国婦女史研究」(「性別与職業」専号)第十四期、中央研究院近代史研究所、二〇〇六年、四三ページ
(32)同論文四四ページ
(33)この日記を書いた時期は、一九三四年四月七日から八月二十一日までの四カ月半という短い期間だった。著者の雪映は女学生だったころ故郷で結婚したが、その後離婚し、故郷を離れて上海で女優の仕事をするようになった。雪映は本名ではなくペンネームだった。当初は「常恵芳」というペンネームで不定期に新聞に寄稿していたが、彼女の文才に感銘を受けた記者に勧められて「時報」(上海「時報」館)で連載をもった。その日記が前掲『女明星日記』として一九三四年に上海良友図書印刷公司から出版された。
(34)前掲『女明星日記』五八―五九ページ
(35)同書八五ページ
(36)同書一二〇―一二一ページ
(37)同書一七六―一七七ページ

(38) 同書二二九ページ
(39) 同書八二ページ
(40) 同書二二ページ
(41) 同書四ページ
(42) 李欧梵『上海摩登――一種新都市文化在中国1930―1945』毛尖訳（文学史研究叢書）、北京大学出版社、二〇〇一年、九八―一一〇ページ
(43) 施宣圓主編『上海700年（修訂本）』上海人民出版社、二〇〇〇年（三版）、三六〇ページ
(44) 彭勃「従〝月份碑〟広告看民国女性服飾審美意象的構建」湖南工業大学修士論文、二〇一〇年、四六ページ
(45) 陳望衡『中国古典美学史』（百科史苑）、湖南教育出版社、一九九八年、四二〇ページ
(46) 前掲「従〝月份碑〟広告看民国女性服飾審美意象的構建」四八ページ
(47) 劉建輝『魔都上海――日本知識人の「近代」体験』（講談社選書メチエ）、講談社、二〇〇〇年、二一五ページ

第4章――旗袍とセクシュアリティー、そして革命

1――中国社会の男女混装

中国社会の性差と旗袍

旗袍の特徴の一つは女らしさである。とくに裾丈の両側に入った深いスリットは女性の魅力を演出することができる。しかし、清朝時代の満洲人女性の伝統的旗袍にはそうした特徴はなく、むしろ厳格な雰囲気が漂っていた。

さらに、二十世紀初頭に最初に現れた新型旗袍は、男性知識人が着る「長衫」のような形を特徴としていたのは、意外というべきだろう。新型旗袍は男服の模倣として始まったのである。女性たちは、男装のような旗袍を身に着け、女性解放や男女平等を訴えようとしていた。その後、一九三〇年代前後になって、男装をまねするのではなく、「女性性」を前面に出した海派旗袍が現れたのだ。

第二次世界大戦後、新しい中国では、国民党（蔣介石）が支配した体制が否定されるなかで、資本主義社会の

モダンガールを連想させる旗袍も排除され、かわりに性別を超えた（中国では「中性的」と呼ぶ）ファッション、たとえば、レーニン服、幹部服、軍服、人民服などが奨励されるようになった。

一九八九年以降の改革開放期に入ってから、経済活動の再開とともに旗袍は再び世に現れた。だが、文化大革命でいったん着られなくなった旗袍は日常着としてはなじみがなかったので、サービス業の制服として登場した。制服旗袍には深いスリットが入っていて、スリットからのぞく女性の美が、改革開放後の経済発展を象徴しているようにも思える。

旗袍とセクシュアリティーの関係は、このような変遷を経ていまに至っている。現在のチャイナドレスのイメージは、文化大革命後の制服旗袍や現代旗袍に由来すると考えられる。そこで本章では、旗袍を通して中国社会のジェンダーについて考えてみたい。

中国の伝統社会では、「女着男装」という現象がたびたびみられてきた。民国初期の新型旗袍や文化大革命期の軍服にもその傾向がみられる。厳しい儒教的な倫理規範があるのに、なぜ中国古代の「性別転換」（生物学的転換ではなく性役割の転換）や男女混装といった現象が後を絶たないのか。それはジェンダーやセクシュアリティーの議論でどの程度説明できるものなのか。

本章では、伝統旗袍から派生した「男装」（長衫）を漢人女性が着ようとしたのはなぜか、その新型旗袍が二十年もたたないうちに海派旗袍へと変容し、大流行したのはなぜか、新中国で旗袍が姿を消したのはなぜか、といった疑問を、中国特有の男女混装現象を鍵に考えたい。

男女混装という現象

人間は男か女のいずれかである（とされる）。人は自分はどちらなのかをみずから意識するが、自己意識だけで男や女になれないこともある。社会は男と女に対してそれぞれ「どうであるべきで、どう振る舞うべきか」を要求する。社会の期待に応えることではじめて男や女として認知される。この社会的期待が男性性／女性性という概念である。[1] 性別には、「生物学的性別」（セックス／セクシュアリティー）と「社会的・文化的性別」（ジェンダー）がある。

近年、中国のジェンダーやセクシュアリティーに関する研究は多くみられるようになった。社会的性別としてのジェンダー概念は、一九七〇年代に提唱されると広く知られるようになった。西洋では、国家、宗教、民族を超越した普遍的な価値（universal value）として、性的差異（sexual difference）は本質的で固定された対立概念として語られ、社会構造の核になっている。しかし、伝統的な中国社会では、性差や性的指向に関わる符号は、生物学的性別（セックス）に属していた。言い換えれば、性別（セックス）は社会的な性別（ジェンダー）や性差（セクシュアリティー）の上に位置づけられていた。中国古代の陰陽宇宙観では男女という性別は、宇宙の一部と見なされていた。両者の性別役割転換や性別をまたがる着装行為は、この陰陽世界のバランスを保つため、または破損した陰陽バランスを回復するためにおこなわれるものととらえられていた。[2]

中国の京劇や文学作品には「反串《ファンチュアン》」（男が演じる女役、あるいは女が演じる男役）という伝統がある。たとえば、漢や魏の時代には復讐する女傑が男になりきったり、明・清の商業演劇では男性文人が女装するなど、異性を演じる例は少なくないのである（『覇王別姫』『花木蘭』『梅蘭芳』などがとくに有名だ）。

中国の歴代王朝は、厳しい服飾制度を定めていた。身分制が重視される社会では、外見から官・民・士・庶の区別ができなくてはならず、「衣服」は身分を示す印だった。しかし、こうした公的な服飾制度が維持される一方で、たとえば、明末期には「服妖」（市民階層で起きた男女混装現象）が流行するなど、伝統的な儒教制度から逸脱した異性装や男女混装が現れたのである。

男女混装が流行したのは、次の理由が考えられる。一つ目は、社会の生産力の向上によって物質的余裕が生まれたからである。二つ目は、政治の衰退と腐敗のせいで、庶民が伝統的な礼儀作法を逸脱し、新たな着衣法を生み出せるようになったからである。[3] 三つ目は、道徳的な規制が比較的緩くなり、社会全体が開放されるとこうした現象が起きるという考え方である。[4]

しかし、厳しい儒教的な倫理規範があるのにもかかわらず、あえてそれを破ってまで男女混装することの意味はどこにあるのか。

中国明清時代文学の研究者である邛師華によると、古来の中国社会の性に対する紀律には「天地の道理」（陰と陽のバランス）が含まれていた。ここでいう「陰陽のバランス」とは、生得的な男女の性別（セックス）が宇宙に生存する生物としてそのまま維持された自然な平衡状態のことである。その両極のどちらかにバランスが傾いたとき、つまり陽か陰のどちらかの性が多くなり、反対の性が少なくなったとき、性別を転換することによって、多くなった性から少なくなった性を援助し、自然なバランスを取り戻そうとするという。しかし、回復できないほど陰陽バランスが崩れたときには、社会に反乱が起こったり天災が起こるといわれて恐れられていた。つまり、「性別転換」とは政治的反乱や天変地異を防ぐための対応策だとみていた。

しかし、明・清時代になると、このバランス論は家制度の秩序のなかに取り込まれた。[5] そのため、明末にみられる女性の男装には、個人の性的嗜好ではなく、「宗族に新たな男性相続人が増える」という意味が含まれていた。明・清以前の伝統的中国社会の男女の性別転換はいわば宇宙論だったが、明朝末になると「家の相続」のバランスという世俗的な考えに転用されたのである。「性別転換」は、家の成員の増加に結び付けて理解されるようになった。中国社会にとって、「宗族」を維持して家を継ぐことは最重要課題だから、性別規範に逆らっても、家が「繁盛」するならば、性別転換や性に関する「解釈」を変えることは実際にありえたのだ。

この「性別転換」の現象は、男女混装や演劇などにみられるが、それをおこなう者の「性的アイデンティティー」とはあまり関係がない。

中国社会では、身体の改変（宦官など）にしても男女混装にしても表面上のものであって、自我や思考に至るまで性を転換させることはあまりなかった。性別を無視するようにして戯劇で演じたことは、「男性エリートたちの欲望」（新奇、活力、流行、遊び）という社会的需要があったからだ、という。[6]

このように、伝統的な中国社会でおこなわれた男女混装、服妖、性別転換といった現象は、個人の性的アイデンティティーよりも、むしろ家を継ぐための行為であったり、従来と違うことをして社会の活性化を図るためや、流行や娯楽でおこなわれていたと考えられる。

「性別転換」は服飾史にも反映されるが、清朝末期の上海社会で起きた男物の服の女性化傾向について、東華大学の服飾研究家・卞向陽は、その理由について以下のように分析している。

「もともと、中国の伝統的な男物の服には紺色や青紫、松石緑などの色がよく使われていて、色彩が豊富だった。そのことが男物の服が女性化する条件としてはたらきそれを可能にしたのだ。また、男物の服の縁取りや靴の装飾などは、女物の服の紋様(卍形、梅、松など)と似ていることから、男物が女物に替わる傾向は最初から内在していたといえる。男物ではあるがその華やかさは十九世紀のヨーロッパのロマン主義下の服装と異曲同工だった。男たちは鏡を携帯し、ときどき自分の姿をチェックしていた。当時のメディアでは、こうした男性が女性のような行為をすることを「雌化行為」と呼ぶこともよくあった[7]」

男物の服が女物に転用されるのと同時に、女性が男装する現象もみられた。清朝末期の上海で、ある若い女性が男装し「公子」と名乗って船で近郊に出かけた。最初はばれなかったが、船を出て周りの景色を眺めていたとき、不注意で片方の靴が脱げて川に落ちてしまった。纏足をしていた小さな足があらわになってしまい周りから女性だと知られ、役場に連れていかれた。しかし、拘束されても男装の「女貴公子」はまったく動じず、実は父親は官僚である身分を明かし、尋問した官吏を困らせたという[8](図32)。

このエピソードから、清朝末には女性の男装は犯罪と見なされる場合もあったことがわかる。ただし、堂々と男装してはばからない芸妓たちもいたので、犯罪行為かどうかの判断ははなはだ恣意的だったといえるだろう[9]。

女性が男装したり、男性が女物の服を着たりするような男女混装現象は、清朝末期から民国期にかけて雑誌や新聞に多く取り上げられた。儒教的な男女の性秩序に基づく倫理規範の逸脱は、この時期の社会では、ある程度許されていたことがわかる。

これらの「性別転換」現象に対して、違和感を覚える人は少なく、むしろ、奇抜で羽目をはずした遊び、いわ

図32　男装した「女公子」
（出典：李慶瑞／燕華君編『上海旧聞』〔晩清社会新聞図録〕、古呉軒出版社、2004年、158ページ）

ば娯楽としてみていたようである。こうした世間の反応からみても、マニッシュな「新型旗袍」が現れても、さほど驚きはなかったのだろう。また、女性が男物のような旗袍を身にまとって、女性同士で恋人や夫婦の役を演じたものを写真撮影することも流行していた。

　このように中国社会の性差に関する受け止め方が、男物のような新型旗袍の誕生を促した社会的土壌になっていたとも考えられる。

男装する女性と新型旗袍

　十九世紀末から二十世紀初頭にかけて、中国では女性服に以下のような変化が起きた。

　第一に、上海の高級妓女（日本でいう花魁のこと）の服飾が先端のファッションと見なされるようになった。従来の服飾制度が機能しなくなり、新しいルールがまだ定まっていなかった混乱期に、上海ではこれまで見たことがないようなさまざまな新装が現れた。とくに妓女が身に着けていた「新装」は一般の女性もまねをして着るほど流行になった。当時、良家の女性は「家」という私的空間に閉じ込められていたから、公的な場に出入りすることができたのは妓女だった。彼女たちは伝統的なしきたりに束縛されず、次から次へと「新装」を考え出した。

清朝末期の絵入り新聞の「点石斎画報」には四千あまりのイラストが掲載されているが、妓女の出行図には、旗袍装、日本装、男装、道姑装（尼の服）、西装（背広）、洋装など、従来の服飾ルールを破った「奇装異服」が描かれている。十九世紀末になると、それまで外見から社会的身分がわかる装置として機能していた衣服は、良家の女性と妓女との間にあったような「良賤」を区別する目印としてはだんだん曖昧になっていたことがわかる。

第二に、女性が「男装」（男物の服）を着るようになった。男性エリートたちが、女性の服飾改革を通して、女性解放を図ろうと考えていたことはすでに述べたが、女性も「男装」を身に着けることで、男女平等や革命への決意を表明していたのである。日本でも知られている革命家の秋瑾の男装姿もその一つだ。当時、女性の間では、背広、男性用コート、礼帽、革靴、日本式髪形などが流行し、男装をすることは男女平等を求める願望の表明と見なされていた。

しかし一方では、男装の本当の動機は単なる好奇心や逸脱と指摘する議論もみられた。彼女たちは、従来の礼儀作法をわきまえず、淑女のしきたりを無視し、良家の子女には禁じられていた行為を男装することで実行したのだというのである。この男装した女性たちの行動は、当時の社会常識だけでなく、女性を抑圧してきたさまざまな因習を打破するものだった。歌舞明星（クラブの歌い手や踊り子）、映画女優、交際花、京劇の名優など、多くの女性有名人が競って男装した。この具現化した「雌雄同体」のイメージは一九四〇年まで続いた。[10]「北洋画報」には男装の女優や俳優の写真が多数掲載された（図33）ことからも見て取れる。

男装した女性を男性はどのように思っていたのだろうか。女性にとっての男装は従来の「女為悦己者容」（女は己を悦ぶ者のために容づくる）という常識から離れ、自分のために服を選び、化粧をするようになったことの表れといえる。この考えは、一九三〇年代前後のモダンガールのライフスタイルにも継承されている。女性は男性が求める「美」よりも、「女為己容」（自分のために着飾る）ことを選ぶようになり、男性よりも、女性同士で互いに認め合うことを求めるようになった。だが、これは伝統の家父長的な道徳には反するため、世論の批判にさらされることになった(11)。

　第三に、女子学生が身に着ける服装が流行するようになった。女子学生が一つの集団として現れ始めたのは二十世紀初頭だったが、彼女たちは一般の女性にとって憧れの対象だった。健康な体をもち、テニス、バレーボール、水泳などのスポーツをし、歌やダンスも得意な文武両道の新女性というイメージで女子学生は語られ、いわばモダンな文化の代表だった。

　女子学生たちは妓女と同じように、さまざまな「新装」を身に着けていた。男装はもちろん、妓女ファッション、舞台俳優の衣装、さらにはならず者の服をまねる者さえ現れた。これら「奇装異服」に対して危機感を覚えたエリートたちは、世論を喚起して、女子学生にふさわしい服装をするようにというはたらきかけを強めた。一九二〇年代、服飾制度が崩れて多様な新装が現れたあと、藍染め布（陰丹士林布）製の旗袍が女子学生の制服として定められた。

　第四に、新型旗袍が流行するようになった。辛亥革命後、西洋文化の影響を受けた旗袍は、人体にフィットするデザイ

図33　「両顆姉妹星　名坤伶楊菊秋芬合影」
（出典：「北洋画報」第321期、北洋画報社、1929年、1ページ）

ンに変わり、衿、袖、裾丈、スリットなど細部を変化させながら流行し続けた。新型旗袍が男性の服である「長衫」を模倣することから始まったことはすでに述べたが、男性知識人を象徴する服として知られる「長衫」をまねた新型旗袍には、知識人や新女性のイメージがあった。晏始の「二截衣」には、旗袍を一般の女性が着用するようになったことに対する男性の危機感が次のように示されている。

「最近、男性の長袍に似た、いわゆる旗袍という女衣が流行している。この男物のような旗袍は、従来の漢人の伝統服である「二截衣」（ツーピース型の上衣下裳）のルールを破って保守的な禁忌を犯しているのだから、「服妖」と見なすべきで、着用を禁止すべきだ」[12]

話は前後するが、明朝末と同様に男物のような新型旗袍を「服妖」と表現したのはなぜだろうか。『三国演戯』には、漢が滅びるときにその兆しとして「雌鶏が雄鶏に化けた」と記されている。つまり、女性が長衣（「一截衣」）を着て男装することは社会を転覆する前兆であり、それは「雌が雄に化けた」ことと同じだと解釈されたのである。

男性の長袍のような旗袍の流行は、男女の逆転だけを意味するのではない。旗袍は元来、男性知識人や政府役人の袍服だった。それを女性が着用する。つまり、女性が社会に進出して活躍するという期待がイメージされてもいたのである。これらのことは、従来の儒教に基づいた倫理では男女秩序を逸脱する行為であり、「服妖」と見なしていたのだ。

こうした女性の出現は、西洋の女性解放論にのっとって考えれば、私的な空間に閉じ込められていた「婦女」のなかに独立した個人としての「女性」が発見されたことを意味するともいえる。「家」というシステムに属していた女性の身体が主体である女性に戻されたものの、それが結局は「国家」という大きな枠組みに再び組み入れられていったことは、すでに述べたとおりである。だが、かつて家に縛られていた女性たちがさまざまな旗袍を身に着けて社会に現れたとき、「女性」の存在が可視化され、新しい女性像とともに社会を構成する人間になったことは確かである。

「女着男装」と「女女愛恋」

これまで論じてきたように、「女着男装」は単に男女平等の象徴というだけではない。「服妖」は、まさに既成の男女観を逸脱した現象であり、マニッシュな新型旗袍の出現は、その逸脱を具現的に示した服だといえるだろう。

新型旗袍の誕生は、民国初期の女性解放運動や男女平等の動きに結び付けて語られることが多いが、むしろ既成の男女観から逸脱した服と考えることもできる。「新型旗袍」を身にまとった女性同士が、夫婦や恋人同士を演じて、絵画、写真、挿絵などに登場し、保守的な男たちを驚かせるという現象が起きていたからである。

男性が脅威に感じたのは、従来は「家」に属し、男性としての自分の存在を証明するだけの、「個としての人間」ではなかったはずの女性が、いつの間にか従来の男女観を逸脱し、新時代の「主体」になっていたからである。しかもこの「主体」は男でも女でもない外見をしていて、正体不明の存在だった。そうした「主体」が多数現れたとき、男性中心だった性秩序に何が起こるのだろうと、男性は不安になった。その不安を脇に逸らす役割を果たしたのが、女性同士の「同性愛」現象だった。

すでに述べたように、当時はマニッシュな旗袍を着た女性同士が恋人や夫婦を演じた写真が数多くとられた（図34・35）。これに合わせて、レズビアンを思わせる「女生愛女生」（女の子が女の子を愛する）や「女女愛恋」（女が女に恋する）といった歌が流行した。

「新女性」という呼称には、女性革命家や女性知識人、女子学生、モダンガール、職業女性など、かつては存在しなかったさまざまな女性集団が含まれていた。だが、「新女性」とは何かが取り沙汰された際、その存在を社会的に受け入れるには、伝統的な要素（束胸などの風習）を保ちながら、モダンの要素も加えた、新たな「性別的役割」が規定される必要があった。このような背景のもと、五四運動（一九一九年）以後、女性の同性愛は一躍公共の話題になった。

図34　蘇蘭舫与李桂芬
（出典：「北洋画報」第46期、北洋画報社、1926年、2ページ）

実は同性愛の議論は、男たちの不安を払拭するのにはある程度「役に立った」と思われる。なぜなら、新女性の特徴とみられた「同性愛」は、正統な男女二元論の基準から逸脱した病気の一種だと見なされ、男性を「納得」させる部分があったからである。桑梓蘭によると、一九一九年から二〇年ごろの新聞や雑誌には女性の社会参加や経済的自立に関する記事が多く掲載され、その論調には西洋と共通する点がみられた。[13]その一方で、西洋では女性同士の同性愛は正常な異性愛の対極に位置する異常なものだと知識層から認識されていたのに対し、民国期の同性愛に関する議論は、この現象に比較的寛容だったことが見て取れる。女性同士の恋愛を、審美的な観点から容認する見方さえあった。

図35　男装の夫婦
（出典：前掲『チャイナ・ドリーム』100ページ）

民国初期には都市の商業が発達し、市民階層は著しく拡大した。伝統的な倫理規範が都市の「奢靡《しゃび》」（身のほどを過ぎたぜいたく）の風潮で揺るがされ、寛容と多元性が社会の主流になりつつあった。当時、女子中学生の間で流行した「同性愛」に対しても、批判の声はそれほど多くなかった。むしろ、この現象は病気のようなもので、人間の欲望の倒錯に由来し、「男子之好男色」（男が男を好きになる）と同じで一過性ものだと論じられた。(14) 雑誌「婦女時報」でも、女性同士の愛は古代ローマの貴族社会でも起きたし、男色と同じように流行していたと指摘し、いまでも西洋では同性愛の風習が残っていて、頻繁に恋愛小説の材料になっていると述べている。(15)

民国初年の法律では、女性同士の恋愛は、中年以上なら罪にならず、思春期未満の幼女や発達障害者との間の同性愛は罪になると規定している[16]。社会も法律も、成人女性の同性愛に寛容だったことがうかがえる。未成年者に対しては、批判というより道徳教育や医学の観点からの教育や指導が実施された。

伝統中国社会の女性同性愛は、西洋社会でいう個人の性的指向とは異なる面がある。父権社会では、婚姻に基づく性的倫理規範は厳しいものであって、そこから抜け出すことが許されなかった。

だが、「新女性」たちは、束胸など伝統的な要素を保ちながらもモダンな考えを取り入れ、伝統的なしきたりから逸脱しようとしていた。五四運動後に現れた婚姻革命や恋愛革命のような新しい発想は、女性たちの婚姻観と恋愛観に大きな影響を与えていた。儒教的な婚姻や恋愛観に反発し、女性たちは「性別的役割」を「子どもを産む存在」から「一個人として」へと変わろうとしていた。

この「一個人として」の意識が最大限に現れたのは自由恋愛の場である。しかも、異性ではなく同性に恋をすることは、「主体」としての女性をきわめて強く具現化したことになる。

この逸脱の行為を認めたくない男性にとっては、時代の流れに逆らうことなく、「病気」として処理したほうが都合がよかったのである。

清朝の時代も『紅楼夢』や『聊斎志異』といった作品には女性同士の愛が描かれていた。これらのことから、清朝末民国初期の世論には、女性の同性愛への否定的意見や風刺の声は少なく、むしろそれを審美的な目でみていたことがわかる。上海では「磨鏡党」というレズビアン団体が生まれたほど、女性同士の恋愛は盛んになった。磨鏡とは、中国古代に女性の同性愛をさした言葉で、女性同士で体を慰め合い愛し合っている様子が鏡に映った姿を愛撫しているようにみえることから、この名がついた[17]。

第2章で述べたように、当時の男性エリートたちは、国家を強化する目的で、家に縛られていた女性の身体を社会に属するものへと変えていった。一方でこの間の民国の経済と社会は、保守的な儒教道徳は維持しながらも、西洋の消費文化に影響された大衆社会に移行していた。女性の身体は社会で可視化されたことで、大衆の好奇の目の的になっていた。女優をはじめとするモダンガールたちの最新のヘアスタイル、先端ファッション、ビキニの水着、未婚出産、恋愛遍歴といった事象は、大衆にとって刺激的な新しい世界だった。こうしたなかで、女性同士の恋愛を題材にした流行歌、映画、マンガ、文学作品が多数現れた。

確かに新型旗袍は、社会へと押し出された女性たちにとっては「男女平等」や「女性解放」を表明するための服だったが、その一方で、大衆の間には「同性愛」の「男役」というイメージを喚起し、いかがわしい興味を引き起こした側面もあったのである。また、同性愛のイメージを醸し出す「男役」の新型旗袍は、これらの言説や図像を通して社会に流通し、大衆の好奇心を満たす服になった。

新型旗袍にみる性差は、一見「新しいこと」のように映るが、実は従来の性差の倫理規範にのっとった表現なのである。同性愛に現れた「男役」の旗袍は、むしろ性差のイメージが改めて認識され、「男らしさ」と「女らしさ」の概念を強化するものになる。どの社会にも「男らしさ」と「女らしさ」の概念はあるが、その中身は文化によって違う。民国では伝統的な性別役割意識と長く続いてきた倫理規範のために女性に求められる役割がもともと大きかったが、社会に出て女性はますます多くの課題を背負うことになった。

女性の場合、外で仕事をして国家に尽くそうとも、それは評価されない。家のためにどれだけ自己犠牲を払ったかが評価の基準になる。男性は仕事に夢中になって家庭を顧みなくても社会から評価されるが、同じことを女性がすれば社会の厳しい批判にさらされる。こうした現実は、一方では女性たちに刺激を与え、社会で活躍したいと思わせたが、他方、家の規範から完全には自由になれないという女性にとっては超えがたい壁になった。

民国期には女性のあり方と世論は、相互に影響を及ぼし合いながらそれぞれ変化していった。やがて旗袍は、男性的な新型旗袍から女らしさを表す海派旗袍へと変わり、一九三〇年代から四〇年代にかけて大流行を引き起こす。しかし、日中戦争と中国内戦を経て、四九年に中華人民共和国が建国されると、「女らしさ」の象徴だった旗袍は排除され、中性的なレーニン服や軍服が流行するようになった。

中国ではなぜ中性的な服が流行し、旗袍が否定されたのだろうか。次に、男女平等をうたった社会主義政権下での性差と衣服との関わりについて考えたい。

2――男女同権と服装の中性化

レーニン服を好む女性たち

中華人民共和国建国後、海派旗袍は退廃的なファッションとして敬遠されるようになった。かわりに流行したのはプロレタリア思想を反映して性別を曖昧にした「中性的」ファッションだった。着飾るよりも革命や仕事に奉仕することが国民の最大の目標になったのである。

一九五〇年代にかけて流行したのはレーニン服（図36）だった。黒、藍、グレーの三色が基本で、西洋式の大きな襟と前身頃の六つのボタンが「双排扣」（ダブルブレスト）になっていて、スタイリッシュだと受け止められていた。男性服だが、ベルトを締めればボディーラインを自然に出すことができるので、女性にも人気があった。新中国の初期には、ソビエト連邦への憧れが強く、レーニン服は女性にとって最先端のファッションだった。女性幹部の間で流行したことから、幹部服とも呼ばれた。また、レーニン服を着た女性には短髪が多く、それが颯爽とした雰囲気を醸し出していた。[18]

短髪は民国期にもモダンガールの間で流行していたが、新中国の女性の短髪とは、形も意味合いも異なっていた。モダンガールの短髪（図37）はモダンの象徴として、また衛生的な側面から重視されていた。一方、新中国の女性の短髪（図38）は、男女平等を意味し、男性と同じ外見になること、言い換えれば女性としての性的特徴をなくすことが意図されていた。

レーニン服の流行は国家が強制したのではなく、むしろ女性自身が引き起こしたものだった。後年の文化大革命期の軍服ファッションとは違って、政治的な意味合いは少なかった。

図36　レーニン服
（出典：前掲『中国服飾百年時尚』157ページ）

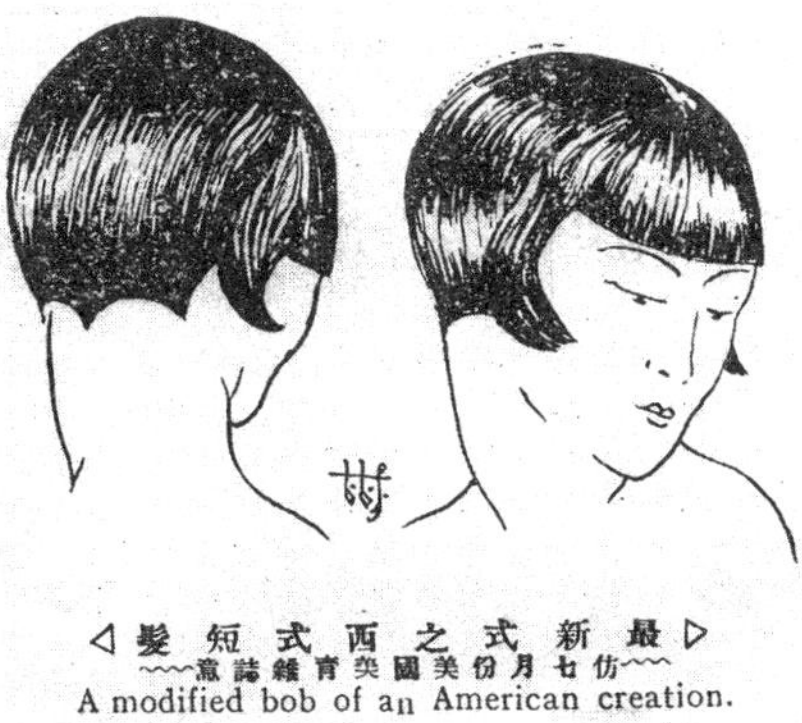
最新式之西式短髪
仿七月份美國美育雜誌意
A modified bob of an American creation.

図37　モダンガールの短髪
（出典：「最新式之西式短髪——倣七月份美国美育雑誌意」「北洋画報」第16期、北洋画報社、1926年、3ページ）

実はレーニン服は、すでに抗日戦争のときに革命の聖地だった延安で流行していた。一九四〇年代の延安大学の女子大生がソ連の男性服をまねて作った制服が、のちの「レーニン服」だった。ウエストのベルトは、女性のボディーラインも表すことができる。このときのレーニン服は、「女らしさ」を隠すものではなく、女子大生たちが限られた環境のなかでも女性美を衣服に反映させたいと考えて工夫したものだった。[19]

このレーニン服は新中国建国後、瞬く間に全国へと広まった。中性的イメージを特徴とするレーニン服が、実

図38　新中国女性の短髪
（出典：華梅『中国服装史』天津人民美術出版社、1989年、291ページ）

は一九四〇年代の女子大生が男性服に「女らしさ」を添えるために考案したものだったとは皮肉なものである。

抗日戦争中に延安に行った女性たちの多くは、一九四〇年代当時すでに女性解放や男女平等の思想に基づいて衣食住のすべての面で男性と同じ基準を自分自身に求めていた。「脱女性性」は社会主義教育を実施する前から一部の女性の間には定着していたのである。

だが、建国後のイデオロギーが男女平等の意識や女性解放の思想をさらに強固なものにし、より多くの女性の間に広まったことは確かである。このように、建国から一九五〇年代初期にかけては、進歩的な女性に最もふさわしい服は旗袍ではなく、レーニン服だった。五〇年代には、政府機関に属する女性や知識人女性はレーニン服を好んで着るようになっていた。レーニン服は進歩的な女性の象徴であり、プロレタリアとしてのアイデンティティーの意思表示になった。女性たちは、この服を身に着けることで、階級意識があると認められると同時に、政治的な安心感も得ることができたのである。その後、服装の政治的な機能はさらに強まり、軍服ファッションや人民服が流行し、旗袍が完全に否定されるようになる。だが、五〇年代には、一時的に「百花斉放」と呼ばれる、さまざまな意見を取り入れようとした時期もあった。

「百花斉放」の提唱と服飾改善の試み

一九五二年末は、「三反五反運動」[20]（一九五一―五三年）という政治キャンペーン運動が終わりに近づき、国民経済も徐々に回復し、社会全体が比較的安定した時期だった。ソ連との関係も良好だったため、レーニン服以外に、ソ連産の「花布」で作ったブラジというワンピースやスカートも流行した。当時、このワンピースは、革命と進歩の象徴であり、女性たちはソ連映画や雑誌のなかの服装をそのまままねしていた。この流行は、六〇年代にソ連との関係が悪化するまで続いた。のちの文化大革命期（一九六六―七六年）と比べると、五〇年代の女性服のデザインや色彩は比較的多様だった。

図39　劉少奇副主席の夫人王光美氏の旗袍姿
（出典：李子雲／陳恵芬／成平編著『チャイナ・ガールの1世紀――女性たちの写真が語るもうひとつの中国史』友常勉／葉柳青訳、三元社、2009年、184ページ）

とくに、一九五六年から五七年に、「百花斉放百家争鳴」[21]（学問や芸術上の議論などが自由に活発におこなわれること）というスローガンが提唱されると、中性的な服装の流行について、芸術家たちが改革の必要性を訴え、地味で中性的な女性服を改善しようとした。

この時期、社会は比較的安定し、国民の経済生活も建国当時よりも改善された。それに応じて、女性の服装に対する規制も以前より緩和され、レーニン服やブラジ、花布に限らず、さまざまなデザインの服が販売されるようになった。

旗袍も一時的に復活し、公の場で外交官夫人や女優、会社取締役会長の妻などが旗袍を身に着けていた。一九六二年、劉少奇に同伴して夫人の王光美がインドネシアを訪問した際、タイトなシルエットの旗袍を着ていたことは非常に有名である（図39）。

「百花斉放百家争鳴」が提唱されたので、国民は安心してさまざまな意見を提案するようになり、服飾改革も議論になった。その背景には、一九五三年と五四年に起きた木綿の不作があった。木綿の収穫が見込めないため、政府は国民に木綿を配給する計画を立てたが、あわせて古着をリサイクルして着ることを促したのだ。古着とは民国期の服である。国民は、これをレーニン服以外の服の着用を許すメッセージだと受け取った。文化人も中性的な服装を変革してもいいのだと解釈した。

こうして、経済的な事情から出た提案は、文化的な問題として展開していった。一九五五年三月六日付の「光明日報」には、「婦女応該穿裙子」(女性はスカートをはくべき)という短い論説が掲載された。その理由として、①経済的、②便利、③魅力の三点をあげて、スカートは中国女性の服装の習慣に合うと強調した。[22]

その後、この論説を参考に、服飾改善の目標が設定された。それは、倹約効果があり実用的で、見た目が美しく、民族的な風格も備えていること、というものだった。

一九五五年四月に、「新観察」という雑誌が当時の芸術界の重鎮を招いて、レーニン服や幹部服一辺倒の状況のなかで、中国の服飾は今後どのように変わるべきかについて座談会を開いた。服飾改革は政府が主導していたため、専門家だけではなく政府の要人も参加した。

主な議論は三つあった。第一に、日常着はソ連式ワンピースであるべきだが、伝統的雰囲気を重視するなら、イブニングなどの礼服は明・清時代の服飾様式を参考にしてもいいのではないかという意見があった。第二に、社会主義や現実主義を重視するなら、幹部服のかわりにズボンと中国式短襖(短い上衣)にすれば、男装と女装を区別できるという意見である。第三に、民国旗袍の着用の是非については、共産党内の長老たちに断固として反対されたという。意見は多岐にわたったが、統一した結論は出せなかった。[23]

しかし、この議論に参加した一部の女性画家は意見を明確に示さずに、反対されていた旗袍のデザインを提案した。一九五六年四月号の「美術」(人民美術出版社)は、女性デザイナーたちによる女性服のデザインを載せたが、それはワンピースやツーピースの上衣に、旗袍のような中国式衿と紐ボタン(盤扣)がついたものだった

（図40）。これらのデザインは、当時流行していたブラジの要素や、三〇年代の西洋的な雰囲気も取り入れたもので、動きやすくて実用的だった。

これらは旗袍のような形をしているが、伝統的な直線的な裁断法は用いられていない（図41）。デザイナーはレーニン服や幹部服のかわりに、こうした中国と西洋の様式を融合させた服を提示しようとした。中性的な服装ではなく、男女の外見的差異を強調し、女性性を重視した服を普及させたいと考えていたことがうかがえる。しかし、「百花斉放百家争鳴」は短期間で終わり、結局、服飾改善運動は失敗に終わった。

こうした服飾改善が失敗に終わったのは、一九五〇年代という時代に合わなかったからである。服飾文化を決めるのは大衆であり、画家の筆ではない。レーニン服は当時の国民の日常着としてすでに不動の地位を築いていた。服飾改善の議論が盛んになっても、レーニン服は依然として流行した。この服は、女性にとっては進歩を求

図40　旗袍のような衿と紐ボタン
（出典：「婦女服装設計」「美術」1956年4月号、人民美術出版社、31ページ）

める思い心や、教育と職業で男性と同じ機会を得たいという願望を体現したものだったのである。

一九五五年から五六年の服飾改善の論争は、それぞれの服がもつ象徴性の戦争だったともいえるだろう。レーニン服は社会主義、女性解放、新中国といった概念を象徴していたため、国民からの支持が高まっていた。反対に、旗袍は西洋文化や資本主義を象徴し、退廃的なファッションというイメージをもっていたため、社会主義社会では大衆に支持されず、排除される運命だったのである。レーニン服の大流行は、こうして服飾の多様化の可能性を消してしまった。その後、反右派闘争、大躍進政策、三年困難時期(24)という人災と天災で、国民の生活は一変した。イデオロギーの政治の嵐が吹き荒れ、深刻な物資不足は女性の服にも影響を及ぼした。

文化大革命期の女性の服装——軍服ファッションの流行と旗袍追放

図41　女性画家が描いた旗袍
（出典：同記事33ページ）

一九五〇年代は、レーニン服が流行する一方で、「百花斉放百花争鳴」運動に加えて経済状態も比較的よかったためか、旗袍も一時的に復活し、公の場で着用されることもあった。しかし、文化大革命期（一九六六―七六年）になると状況が変わって女性服の単一化が進み、紅衛兵の軍服ファッションが大流行した。「時代が変わった、男も女も同じだ」や、「婦女能頂半辺天」（女性は世界の半分を担うことができる）といった毛沢東のスローガンを聞いた女性たちは、性別による差異を否定し、極端な男女平等を体現してみせた。当時の若い女性の間で最も流行したファッションは、短髪と紅衛兵の軍服（図42）や、白い靴下に黒い布の靴などだった。

図42　軍服ファッション
（出典：前掲『チャイナ・ガールの1世紀』199ページ）

一方、民国期に流行した旗袍は、悪しき資本主義の象徴として批判され姿を消した。

なぜこれほどまでに中性的な服が大流行したのだろうか。女性の身体性を強調して民国期に大流行した旗袍と軍服ファッションは正反対なのにもかかわらず、国民はなぜ女らしさがまったくない服を熱狂的に支持したのだろうか。

一九六一年に毛沢東は女性民兵を題材にした七言律詩「為女民兵題照」を発表して、そのなかで「不愛紅装愛武装」（紅装を愛さず、武装を愛す）と詠んだ。それ以来、「女性性」の否定は頂点に達した。資本主義のもとでのブルジョア的な生活のあり方は否定され、日常生活のレベルで階級闘争が展開された。

旗袍が徹底的に排除されたのは、文化大革命期の「破四旧」（古い思想、文化、風俗、習慣を打ち破ること）運動と「封資修」（封建主義、資本主義、修正主義を批判する運動）が展開されたときだった。

当時は、三つ編みの髪、ピアス、指輪、腕輪は封建主義の残骸で、パーマネント、ネックレス、ブローチ、細身のズボン、旗袍は資本主義の悪しき象徴と見なされた。化粧品や香水など論外で、鏡を見るのもブルジョア的病気として批判された。これらを販売している店や美容室などはことごとく紅衛兵に目をつけられた。[25] 社会主義思想に反していると見なされる女性を見つけると、紅衛兵たちは、大衆の前で髪を切り、服にはさみを入れた。

鄭念の小説『上海の長い夜』には次のような場面がある。

「突然私の目の前で、紅衛兵の一団が若くかわいい女性を捕まえたのを見て、びっくりした。一人が女性を押さえ、もう一人が彼女の靴を脱がせ、もう一人が彼女のスラックスを切った。紅衛兵たちは大声で言った。「なんであんたは先のとがった靴を履いてるんだ。どうして細いズボンをはいてるんだ」「私は労働者です。資本家階級の一員ではありません。行かせてください」。女性はもがいて抗議した。やりあっているうちに、紅衛兵は彼女のズボンを全部はぎとってしまった。周りを取り囲んでいたヤジ馬は面白がって笑い、やじった[26]」

文化大革命初期の紅衛兵運動は、女性から身を飾る権利を奪い、街中には革命に熱中した紅衛兵と同じ軍服を着た人々があふれた。軍服ファッションは文化大革命期の最先端ファッションとして流行し始めたのだ。

最初に軍服を着始めたのは、「高幹子弟」と呼ばれる人々だった。彼らは国民党と戦って勝利を収め、高い地位に就いた高官を親にもっていたので親の経歴を誇りに思い、その軍服をまねることで、建国に貢献した功臣の子弟だというみずからの「身分」を誇示しようとした。つまり、軍人ではないが軍服の付加価値によって、自分を他の人々と差別化しようとしたのである。

実は、軍服ファッションには「等級制」がある。たとえば、紅衛兵の腕章には、親の官位の等級によって、ウール、ベルベット、綢、木綿など素材が使い分けられ、サイズも異なっていた。官位が高い親をもつ若者の腕章は三十センチほどの幅があり、黒字で「紅衛兵」と印字してあったという[27]。

現在のわれわれは、文化大革命期の地味な服を着た女性に魅力を感じないだろう。しかし、当時の若者は、軍服を着た女性に性的魅力を感じることも多かった。たとえば、紅衛兵女性は、「軍服を着て腕章を着けて、革のベルトを締めた姿は颯爽として、とてもきれいだ[28]」といわれたりした。

十年間続いた文化大革命期には、「十億の人民は十億の兵士」というスローガンが流布した。そのため女性は軍服こそ最高の流行服だととらえていた。しかし、本来、軍服を着ることができるのは軍人出身の高官の子弟だけだったので、一般の若者は本物の軍服ではなくそれをまねた緑色の「軍便服」（日常用の軍服）を着ていた。軍服は最先端ファッションであり、革命的な服装だった。全国各地で軍服ファッションが流行し、若い女性は夢中でそれをほしがっていた。本物の軍服はまず入手できなかったが、それでも上着だけでも手に入れようとしたり、古いほど革命歴がわかるからと古い軍服を探したりした[29]。工場労働者、農民、教師、党幹部、知識人の女性にとって、軍服は流行のファッションだったのである。

軍服の流行は、「破四旧」ですべての「奇装異服」が廃止されたあとだった。革命という大義名分の下に、大衆の思想も統一され、自由な選択は許されなかった。「千人一面」（千人いても同じ顔をしている）そのものの軍服ファッションは、「異」や「奇」ではないことを明確に表したのである。こうして文化大革命期には、社会主義イデオロギーに合わない服飾は完全に姿を消した。

服飾とは文化現象である。文化大革命期の軍服のように服が圧倒的な力で社会の主流になって大衆を支配したことは、歴史上でもほかに例をみない。文化大革命期以前の伝統社会の女性は、決められた範囲（家）に限って、「女性らしさ」を見せることが許されていた。男性とは異なる服飾を通して、男性とは違う社会的役割を担っていることを示していたのだ。

だが文化大革命期には、社会に進出した女性には男性と同じ権利が与えられた一方で、公的な場で女性的な特徴を見せることがほとんどなくなった。社会的な性（ジェンダー）と生物学的な性（セックス）も等しく無視され、「女性性」に関する教育もされなくなった。社会主義という新しい社会環境のなかには「女性」はいなかった。あるのはただ階級性、党性（共産党）、社会性、人民性だった。女性がみずから「女性像」を作ることはできないし、できたとすれば男性的な主流文化のなかでしかそれは許されなかった。[30] 男性中心の社会のなかで権力のくびきを逃れるには、男女混装が最も確実だった。革命文化の価値体系のなかでは「女らしさ」に関連する要素はすべてブルジョア的だと見なされ、非プロレタリア的感情だと摘発粛清の対象になるだけだったのである。

旗袍を徹底的に否定した文化大革命期には、女性の服は再び政治的な象徴になった。軍服ファッションの広がりは流行の結果というより、上からのイデオロギーの押し付けへの対処の結果だったといえるだろう。レーニン服、軍服、人民服といった政治色が濃く性別が判別できない服を着ることは、革命の意思を示して自分を守るためだった。しかし、これが女性が本心で着たい服だったとはいえない。質素倹約の象徴である服を着ることで、女性たちは本心を知られないようにカムフラージュしたのだろう。そうでもしなければ、どんな危険にさらされるかわからない政治状況だったのが文化大革命期だった。本物の軍服を夢中で手に入れようとしたのも、選択肢がないなかでの選択であり、そこには歪んだ美意識も垣間見える。

つまり、当時の若者はイデオロギーの押し付けによって軍服ファッションを選んだが、本当に美しいと感じて軍服を着たいと思ったのではない。国民の多くが着ているから、最先端のファッションとして、軍服が格好よく見えてきたのだ。それは「同調の美」ともいえるが、軍服を身に着けることで、自分が革命の一員であることを示すことができる。実際に、女性は軍服の下に明るい色のセーターやシャツを着て、袖口からさりげなく見せるようにしていた。軍服に「夢中」になったとはいえ、美しい服を好きな気持ちをあえて殺したということも事実である。

文化大革命中に亡くなった八百五十人の記録を残したシカゴ大学の講師で歴史学者の王友琴は、自身も文化大革命を経験していた。王は日本の新聞のインタビューで次のように述べている。

「副校長は墨汁を頭からかけられ、殴られていた。つるしあげは続き、その日のうちに亡くなった。中国の長い歴史をみても、そんなことはかつてなかった。でも、口に出すことはできなかった。何か言ったら自分がどうなるかわからない。現実はひどく残酷だった[31]」

こうした圧力のもと、「武を要す」と「武装を愛す」が女性の服装の原則とされ、とくに大学・中学校の女子学生は軍服か軍服をベースにした草緑色の服が日常着になった。軍服は若い女性を非常に堅苦しくみせたが、颯爽とした姿は少女の憧れだった。当時は女性兵士が理想像とされ、兵士になることが将来の夢だと言う女子学生も多かった。先に述べたように、若い女性は本物の軍服を手に入れようとやっきになったが、それには今日の若い女性がブランドの服をほしがるのと同じような意味があったのである[32]。

若い女性には男性並みの労働力を提供することが求められた。実際に、男性とほぼ同じ仕事をこなし、おしゃれに関心がある年齢にもかかわらず、前述のような地味な色の服を数着しかもっていなかった[33]。それでも女性たちはそうした服を「かっこいい」と評した。しかし実際には、それはみずから選んだ服ではなくほかに選択肢がないから着ているだけで、「かっこいい」と言うのは自己欺瞞だった。それでも毛沢東への強い憧れは自己陶酔を生み出し、毛の「男女はみな平等になった」という主張に影響され、外見も行動も男性と同じにしようとした。このようなあらゆる点での男性化を考えれば、服装の男性化という倒錯が起きたのも不思議ではないだろう。

この時代の「女性美」とはどのようなものだったのかは、文革期に作られた革命模範劇——文化大革命時代に江青が手がけ、唯一上演が許された八つの劇作品で、いずれも革命と階級闘争を描いている——からうかがえる。

図43　鉄姑娘
(出典：同書202ページ)

ヒロインの女性はどの作品でも男性に「救われる」存在ではなく、男性のような剛毅さと果敢さにあふれていて、まさに共産党の化身として描かれていた。[34]『海港』という劇では、女性の地位向上を目指してきた主人公は「時代は変わった。男女はみな平等になった」と言う。この台詞が示すように、女性は男性と同じグレーや紺の人民服を着て、男性と同じ義務を引き受け、同じ仕事をこなし、同じ社会的役割を担うべきだとされていた。

革命模範劇では、ブルジョア階級の女性像とは対極の「鉄姑娘」(鉄のように剛健な娘)(図43)が、理想的な女性像として提示された。性的な魅力ではなく、「勇ましさ」が女性美として志向されたのである。この傾向は、現実の女性の生活に大きな影響を与えた。「鉄姑娘」だけをみると、男女平等が実現して女性が強くなったように思えるが、これは女性に男性化を強いていたことにほかならない。伝統的な中国社会では、男性の権威を維持するために女性にはか弱さが求められたが、文化大革命期には反対にたくましさが求められた。それは確かに男女平等を推進したが、あくまでも男性を模範に作られた理想の女性像だったのである。

中性的服装の流行と革命文化

このように、文化大革命期は、毛沢東のカリスマ性(「領袖効果」)が最も機能した時代だった。紅衛兵が着た軍服も毛沢東が着ていたものをまねたものだった。

一九六六年に文化大革命が始まったとき、軍服姿の毛沢東が全国から集まって来た紅衛兵たちに天安門の上から手を振った姿は強烈な印象を与えた。毛沢東を崇拝する感情は、革命を象徴する衣服をみずから身に着けることに結び付いたのである。[35]毛沢東のカリスマ性が引き起こした軍服の旋風は十五年間も続いた。不動の地位を築いた軍服に対して、旗袍は革命と相いれない存在として徹底的に追放された。

革命文化が賞揚された結果、女性の服飾文化も大きな影響をこうむったのである。革命文化は、一九四九年に中華人民共和国が建国されてから中国大陸を覆った社会主義のイデオロギー・社会制度・生活様式だが、国家によって作られた主流文化である。内戦勝利後、それ以前は一部の地域に限られていた「革命文化」は、短期間で急速に中国全土を支配する主流文化になった。社会政治革命の産物である革命文化は、既成文化と差別化するために、みずからの独自性と超越性を強調した。とくに革命性を強調する点に大きな特徴があった。[36]こうしたなかで、服装は革命の象徴として革命の一部になった。革命文化に属する服を着ているかどうかは、革命に参加する仲間であるかどうかを判断する重要な目印になった。[37]

当時は、共産党員になれるかどうかや党で昇進できるかどうかには、衣服も重要な基準になっていた。「貧しければ革命に参加するが、豊かになったら修正主義者になりかねない」と考えられていたため、服装がよくなるとブルジョア階級的な生活を送っていると糾弾されたからである。

旗袍が徹底的に排除されたもう一つの決定的な理由には、出身階層までが問題にされたことがある。文化大革命期は出身階層に基づく階層分けもおこなわれた（「唯成分論」）。労働者や農民でさえ、父祖にさかのぼり三代前までの階層身分が調べられ、先祖のなかに地主や資本家がいれば、本人は労働者であっても、批判の対象になった。ただし解放軍出身者だけは出身階層にかかわらずプロレタリア階級だと認められた。そのため若者にとって、軍服ファッションは確実な身分証明で、それは女性も同じだった。軍服は女性たちをプロレタリア階級にみせることができたが、旗袍はそうではなかった。

注

（1）高嶋航「近代中国の男性性」、前掲『中国ジェンダー史研究入門』所収、二五九ページ

（2）何成洲／王玲珍主編『中国的性／性別――歴史差異』生活・読書・新知三聯書店、二〇一六年、六―七ページ

（3）牛犁／崔栄栄／高衛東「明代中晩期〝服妖〟風俗考」「服飾導刊」第三期、武漢紡織大学「服飾導刊」編集部、二〇一三年、二一―二四ページ

（4）黄能馥、喬巧玲『衣冠天下――中国服飾図史』中華書局、二〇〇九年、一六〇ページ

（5）邝師華「早期近代中国的跨性別表演」、前掲『中国的性／性別』所収、一六七ページ

（6）前掲『中国的性／性別』一六七ページ

（7）卞向陽「論晩清上海服飾時尚」「東華大学学報 自然科学版」第二十七巻第五期、東華大学出版、二〇〇一年、二八ページ

（8）李慶瑞／燕華君編『上海旧聞』（晩清社会新聞図録）、古呉軒出版社、二〇〇四年、一五八ページ

（9）武田雅哉『楊貴妃になりたかった男たち――「衣服の妖怪」の文化誌』（講談社選書メチエ）、講談社、二〇〇七年、一五八ページ

（10）洪芳怡「女声、女身、雌雄同体――老上海流行音楽中的同性情欲展現」「近代中国婦女史研究」第十六期、中央研究院近代史研究所、二〇〇八年、一〇四ページ

（11）趙蓓紅「民初上海女性生活状態研究――以「婦女時報」為中心」上海師範大学修士論文、二〇一四年、六二ページ

（12）晏始「二截衣」「新女性」第一巻第四号、上海婦女問題研究会、一九二七年、二四〇ページ

（13）Sang, Tze-Lan D.（桑梓蘭）*The Emerging Lesbian: Female Same-Sex Desire in Modern China*, University of Chicago press, 2003, pp. 6-7, 15-16.

（14）善哉「婦女同性之愛情」「婦女時報」第七期、有正書局、一九一二年、三七ページ

（15）前掲「民初上海女性生活状態研究」

（16）前掲「婦女同性之愛情」三七ページ

(17) 中野栄三の『江戸秘語辞典』によると、日本の近代の女学生には同性愛に関して「おねち」「おはからい」「おめ」など種々の隠語があったという。また、江戸時代には「ト一八一（といちはいち）」や、その他「共喰い」「貝合せ」「双女対食」などの同性愛の秘戯の呼称もあった（中野栄三『江戸秘語事典』雄山閣、一九六一年）。

(18) 鄭麗霞「〝文革〟時期女性服飾問題研究――以北京地区為例」首都師範大学修士論文、二〇一二年、六ページ

(19) 張玲「改革開放前中国女性着装中性化的影響要素」「服装学報」第三巻第五期、江南大学、二〇一八年、四四一ページ

(20) 三反五反運動とは一九五一年から五三年に実施された政治キャンペーン運動である。資本主義経済の発展につれてブルジョア階級が利潤追求に貪欲になって暴利をむさぼったり、脱税したり、国家の資財を盗んだりといった資本主義の弊害が顕著になったとして、この運動がおこなわれた。「三反」運動とは政府機関、軍隊、学校、国営企業で進められた汚職、浪費、官僚主義に対する闘争をさし、「五反」運動とは私営の商工業での贈賄、脱税、国家資財の窃取、手抜きと材料の偽装、国家の経済情報の窃取に反対する国民運動をさす（平凡社『世界大百科事典 第二版』平凡社、二〇一四年）。

(21) 「百花斉放百家争鳴」とは、文芸、思想、学術などでの自由な議論を奨励する政策的スローガンである。建国後の社会主義改造の過程で、胡風《コフウ》批判などのブルジョア思想批判キャンペーンのために萎縮していた知識人の活動を積極化させようとして打ち出された（日本大百科全書〔ニッポニカ〕〔https://kotobank.jp/〕［二〇二〇年四月二十一日アクセス］）。

(22) 「光明日報」一九五五年三月六日付

(23) 郭冰茹「〝列寧服〟之外」「文史参考」第三期（総第五十一期）、「文史参考」雑誌社、二〇一二年、一〇八ページ

(24) 反右派闘争は、一九五七年に中国でおこなわれた、知識層（文化・教育分野）の「反共産党、反社会主義」の言行を主な攻撃目標とした政治運動である。文化大革命後の七八年に、政府は運動の行き過ぎを認めて名誉回復をはかった。大躍進政策とは、毛沢東が五八年から六一年までに実施した農業と工業の大増産政策である。現実を無視した政策は中国国内で大混乱を招いて、多くの犠牲者を出した。三年困難時期は、五九年から六一年にかけて大躍進政策の失敗のために大量の餓死者と膨大な経済的損失が出た三年間のことをさす。中国政府は七八年以前は「三年自然災

害」と呼んでいたが、その後「三年困難時期」と改めた。大飢饉の期間について、中国政府は五九年から六一年の三年間だと定義しているが、欧米の学者は五八年から六二年までの四年間だという（「維基百科」〔zh.wikipedia.org/wiki/〕〔二〇二〇年四月十二日アクセス〕）。

(25) 鄧瑞金『名士自白——我在文革中』内蒙古人民出版社、一九九九年、一二ページ

(26) 鄭念『上海の長い夜——文革の嵐を耐え抜いた女性の物語』上、篠原成子／吉本晋一郎訳、原書房、一九八八年、八〇ページ

(27) 楊東平『城市季風——北京和上海的文化精神』新星出版社、二〇〇六年、二八〇ページ

(28) 季羨林『我們都経歴過的日子』北京十月文芸出版社、二〇〇一年、三九五ページ

(29) 前掲「〝文革〟時期女性服飾問題研究」

(30) 前掲『城市季風』三六〇ページ

(31) 王友琴「絡み合う被害と加害」「朝日新聞」二〇一九年八月二十四日付

(32) 李子雲／陳恵芬／成平編著『チャイナ・ガールの1世紀——女性たちの写真が語るもうひとつの中国史』友常勉／葉柳青訳、三元社、二〇〇九年、一九二ページ

(33) 同書一九六ページ

(34) 同書一九四ページ

(35) 前掲「〝文革〟時期女性服飾問題研究」三〇—三一ページ

(36) 前掲『城市季風』

(37) 梁景和『中国社会文化史的理論与実践』社会科学文献出版社、二〇一〇年、三六五ページ

第５章——海を渡った旗袍１——台湾の華人社会と旗袍

1——日本統治下の台湾旗袍

台湾の華人社会と本島服

第二次世界大戦終結後三十年近く（一九四九―七七年）、中国大陸では前章で述べたように旗袍が姿を消した。しかし、旗袍は香港や台湾では着用されていた。香港では、一九三〇年代から旗袍が流行し始め、四〇年代には上海と同じように大流行した。一方、台湾は日本統治下の同化政策のため、終戦までは旗袍を着ることはなかったが、四九年以降、大陸から国民党の軍人や兵士などをはじめとする大勢の外省人《がいしょうじん》(1)が移住してきたとき、旗袍も台湾に入ってきた。

本章では、台湾の旗袍を「日本統治下の旗袍」と「日本統治後の旗袍」の二段階に分けて考える。まず、日本統治下の台湾華人(2)たちの目に旗袍はどのように映っていたのかを考えてみたい。和服の着用を推奨した宗主国の日本は、興亜服（旗袍を改良した服）を考案し、台湾での普及を図ったが、その目的は何だったのだろうか。台湾人にとって旗袍は単なるモダンファッションだったのか、それとも日本に対抗するための「中国化」の象徴だったのかについて、「台湾日日新報」「民俗台湾」「台湾婦人界」[3]などの当時の新聞・雑誌を史料に検討したい。

一八九五年に、日清戦争の講和のため、清朝政府は日本と下関条約を結び、台湾は同年から一九四五年までの五十年間にわたって日本の統治下に入った。日本統治下の台湾には、先住民、漢人、日本人、数は少ないが西洋人が住んでいた。この時期の漢人は「本島人」(「内地人」の日本人と区別する言葉)といい、台湾にきた時期や出身地の違いからさまざまな集団に分けられる。たとえば、元や明の時代に渡来した漢人、清朝の下関条約が結ばれたあとに移住してきた漢人などがあげられる。一方、第二次世界大戦後、大陸から逃れてきた中国国民党が台湾で政府を樹立してからは、大陸からきた漢人を外省人(「内省人」の台湾人と区別する言葉)と呼ぶようになった。

このように、漢人といっても、さまざまなバックグラウンドをもつグループが存在し、それぞれがエスニック集団といっても過言ではない。

こうした「エスニック集団」の間ではさまざまな軋轢が起きていた。十九世紀後半から二十世紀初頭の台湾の漢人服飾を研究する高本莉によると、開拓当初の台湾で民族間の関係に大きな影響を及ぼしたのは、先住民と漢人移民との衝突や、福建出身の福佬《フーロー》と広東出身の客家との対立だった。福建からの移民は広東出身者よりも早く台湾に住み着いていたため、福建出身の漢人は広東移民を客仔(外から来た人)と呼んでいた。一九二六年に日本が実施した統計によると、台湾の漢人移民の出身地は福建と広東の二省で九八パーセント以上を占めていたという[4]。

もともと大陸の中原地域に住んでいたが、政治的な理由や戦争のために故郷を離れて別の場所に移住した漢人を客家と呼ぶ。移住先の人々の目には彼らは客人に映っていたのである。台湾の先住民にとっては、理由があって大陸から移住してきた漢人なので、福佬であれ客仔であれどちらも客家といえる。

客家は出身地によって、さらに細かに分類される。たとえば、台湾総督官房調査課が実施した一九二六年の台湾漢人出身地の調査によると、福建出身者のなかには、泉州、漳州、汀州、龍巌、福州、永春などの集団があり、さらに泉州のなかも安渓、同安、三邑などの集団に分かれていた。また、広東出身者のなかにも、潮州、嘉応、恵州などの区分があると調査には記載されている。(5) これら複数のエスニック集団は、ともに台湾で暮らし、集団——前述の意味でのエスニック集団もあれば、社会階層のような集団もあるが——ごとに異なる服を着ていた。

一九〇〇年代前半の台湾では、漢人女性は基本的に「本島服」というツーピース式の上衣下裳を着ていた（図44）。本島服は出身地によって、刺繍の量やパイピングの太さ、前身頃のカットの仕方などの特徴が違う場合もあったが、基本的なデザインは似ていた。

図44　本島服
（出典：葉立誠『台湾服装史』商鼎数位出版、2014年、58ページ）

一九二〇年代以後、洋装の影響を受けて本島服のデザインは徐々に変化した。東方孝義の「現代新様式服」（図45）によると、都市でも村落でも進歩的な男性は洋服を着用する者が多く、女性も洋装が多い。市街地にはあちこちに婦人服店が新規開業し、台湾の伝統的な衣服に画期的な変化を及ぼした。東方によれば、婦人服は主に二段服（上衣下裳）で、上衣は従来の大袖衫（大きな袖口の上衣）の袖が細く短くなり、身頃も細身で短くなったことで、体にぴったりと合っている（図46）。下半身は従来はズボンだったが、ギャザーが入ったスカート（ギャザーなしもある）に変わった。なかにはシャツに腰巻きを着けたようにみえるものもあったという[6]。

東方が言う大きな袖の二段服とは、おそらく大陸で流行していた「文明新装」（図47）のことだろう。上海の

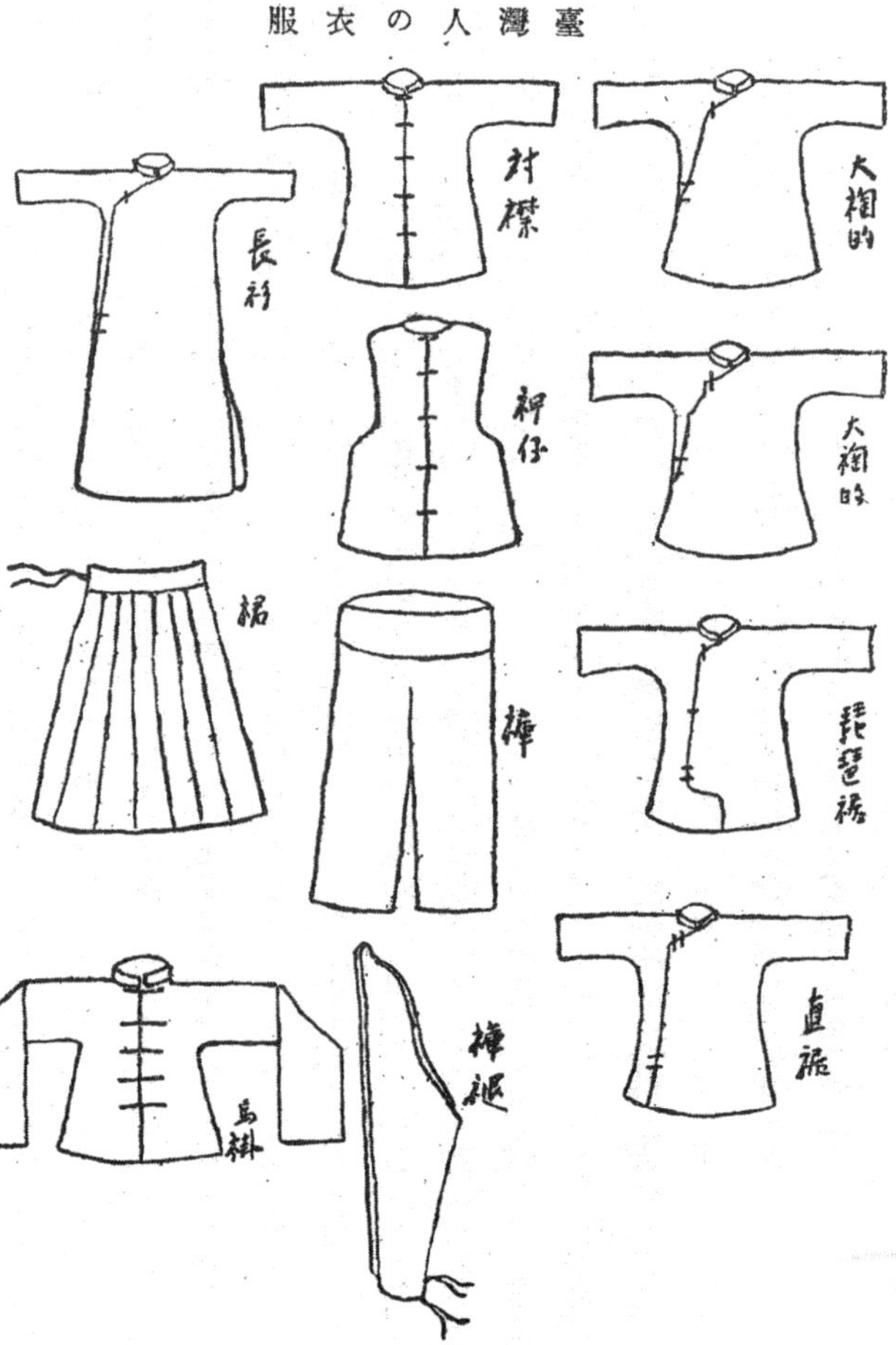

図45　現代新様式服
（出典：東方孝義『台湾習俗』南天書局、1997年、8ページ）

女子学生が「五四運動」前後に好んで身に着けていた「文明新装」は、日本の女学生の袴姿に着想を得て作られたものだった。日本の女学校の最初の制服は「女袴《おんなばかま》」[7]といい、キュロット型の男袴（「襠有袴《まちありばかま》」）と似ていて不評だったため、一八七七年（明治十年）ごろに下火になった。しかし、その後九七年ごろに再び登場した「女袴」はスカート型の「行燈袴《あんどんばかま》」だったので、女子学生や女性教師の服として定着した。上海でも日本に留学していた女子学生たちが日本の女袴の影響を受けて、丈が短く袖口の広い上衣に丈が長いスカートという「文明新装」が流行するようになった。

図46　袖が細く身頃も細身の服
（出典：前掲『台湾服装史』64ページ）

「文明新装」は、上海だけではなく、台湾でも流行していたことを新聞などが報じている。たとえば、一九二八年の「台湾日日新報」は、「台南市とその付近の本島人の服の流行は、主として地理的な要因によって、基本的に上海から伝わってくるものだった。一九二八年の夏に流行したファッションには、日本からの影響も大きかった。内地への留学生が帰郷に伴い持ち込んだもので、東京風の流行も反映している。以前は上衣の袖やズボンはすべて幅の狭いものが好まれていたが、最近では、幅広い袖が流行している[8]」と報じている（図48）。

記事からもわかるように、この

図47　文明新装
(出典：前掲『上海服飾時尚』87ページ

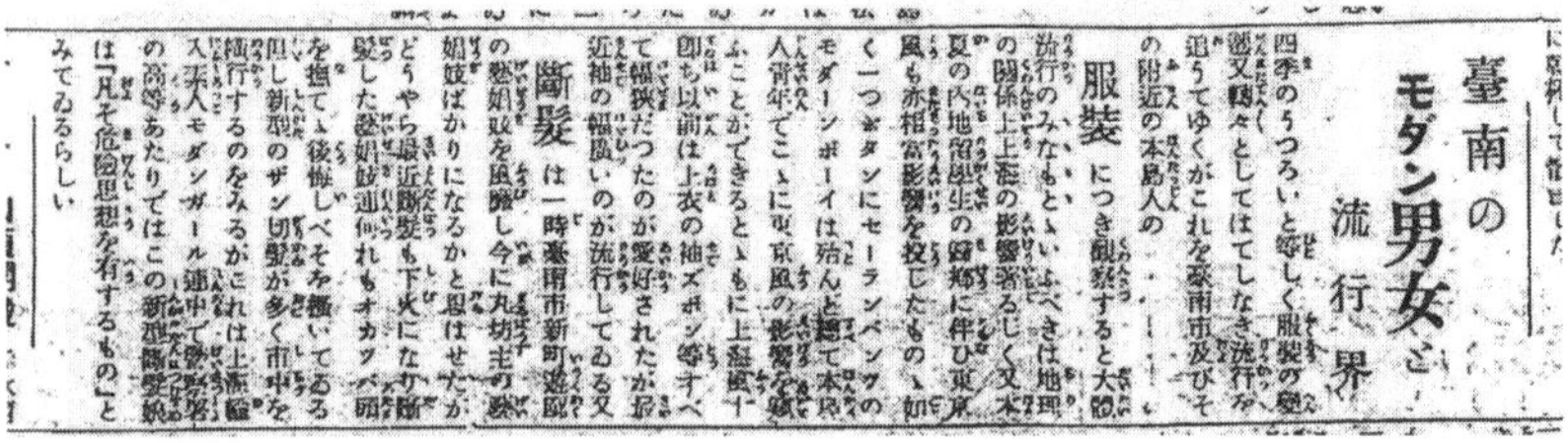

臺南のモダン男女と流行界

四季のうつろいと等しく服装の變遷又轉々としてはてしなき流行を追うてゆくがこれを臺南市及びその附近の本島人の……

服装 につき觀察すると大體流行のみなもとといふべきは地理の關係上上海の影響著るしく又本夏の内地留學生の歸郷に伴ひ東京風も亦相當影響を投じたもの丶如く一つボタンにセーランペンツのモダーンボーイは殆んど總て本島人青年でこゝに東京風の影響を認むことができるとゝもに上海風十郎も以前は上衣の袖ズボン等すべて幅狭だつたのが愛好されたが最近袖の幅廣いのが流行してゐる又

斷髪 は一時臺南市新町遊廓の藝娼妓を風靡し今に丸坊主の藝娼妓ばかりになるかと思はせたがどうやら最近斷髪も下火になり斷髪した藝娼妓連何れもオカツパ頭を抱てゝ後悔しべそを掻いてゐる但し新型のザン切髪が多く市中を徜行するのをみるがこれは上海歸へ支那人モダンガール連中で彼女等の高等あたりではこの新型斷髪娘は「凡そ危險思想を有するもの」とみてゐるらしい

図48　台南のモダン男女の流行ファッション
(出典：「台南のモダン男女と流行界」「台湾日日新報」1928年9月29日付)

「文明新装」も本島服に似ているため、台湾の漢人女性の間でいち早く流行した。では、ワンピース式の旗袍はどうだったのだろうか。日本統治下の台湾で、旗袍は漢人と日本人にどのようにみられていたのだろうか。

台湾のモダンガールと旗袍

一九三〇年代に入ると、台湾では纏足からの解放運動や、近代教育を受けた女学生の増加によって、若い世代の洋装が多くなった。富裕層では若い女性は旗袍を着るようになったが、中年以上の女性は相変わらず本島服を身に着けていた。一方、貧しい家庭や農村の女性は若い世代でも伝統的な本島服を着ていた。都市と農村、富裕層と貧困層の間で違いがあったといえる。そもそも旗袍はどのようにみられていたのだろうか。

東方孝義は旗袍を次のように説明している。「最も先端的なものは、従来の男子用長衫に似たる形で、身丈は長く、裾は靴を被ひ、袖は細き筒袖で、しかも夏用のものは短く、体に非常に緊窄した仕立であるから、胸とウエストの肉体の曲線が外部からはっきり見える」。また、「左右は膝から下を裾開きとしてあるので、歩行には脚線美をちらちらせしめて、街上で遊歩する楚々たる婦人は近代服飾の一つである[9]」という。

台湾女性が上海の旗袍の流行を追いかけていたことは、当時の新聞記事からもわかる。その流行ぶりは、「至るところに上海の空気が澄んでいるかのごとく」と描写されている。また、上海の旗袍は美しい「現代の長衣」であるとして、なだらかな腕の線やウエストの線から、現代の中華民国女性のありのままの姿を現し、ほかにはみられないほど質が高く調和がとれた垢抜けした服装だと、旗袍の魅力をたたえている。旗袍の縫製方法を洋装と比較して、将来は世界的に流行する服になる可能性もあると評価している。しかし、色彩の調和や斬新なデザインは申し分ないのだが、唯一の欠点として生地の使い方に無理があるように思うとも指摘している[10]（図49）。

しかし、台湾で流行した旗袍のデザインは上海よりもほぼ十年遅れていた。たとえば、図50は上海では一九二〇年代に流行した大きな袖口を特徴としたデザインだが、台湾では三〇年代になってから流行したことがわかる。また、図51は三五年の旗袍を着た女性だが、二〇年代には一般的だった「束胸」の風習が台湾にはまだ残ってい

優美な

上海の旗袍

〃東洋の流行は上海から〃

陳　杏　村

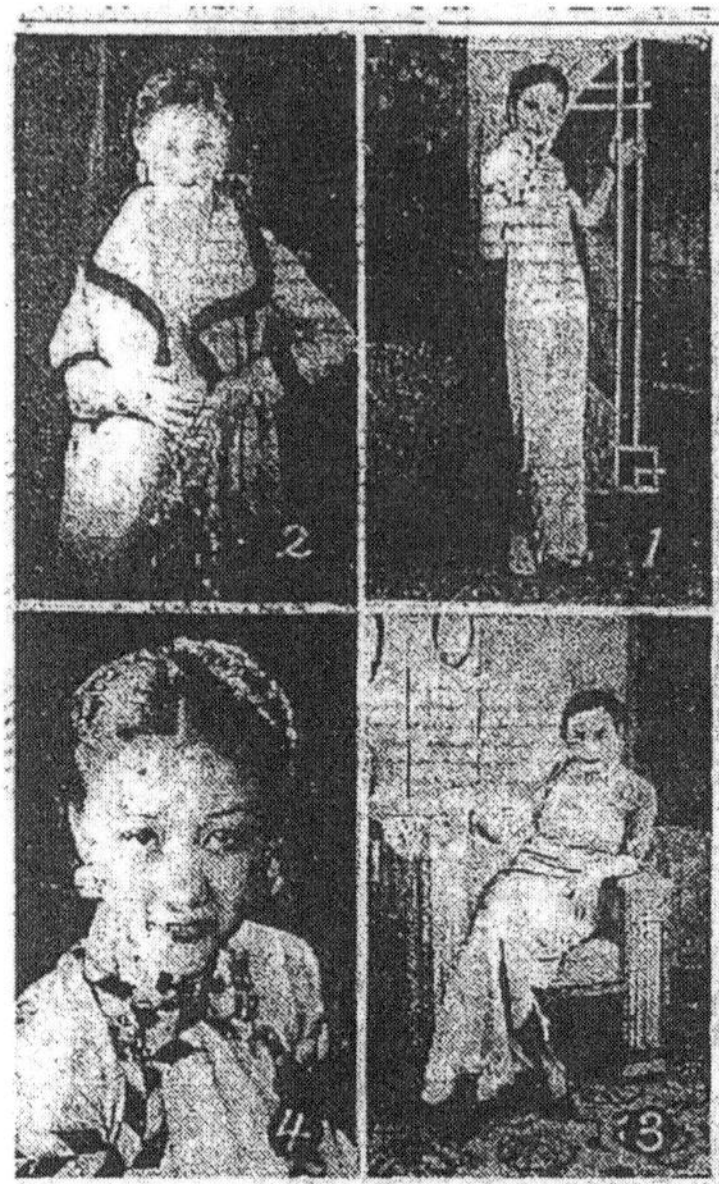

「世界の流行はパリから」と云ふ言葉が有りますが、東洋の流行は上海からとでも云ひませうか、東洋の小パリの上海は、國際都市だけあつて、流行の變化にもそれぞれの趣があつて面白いです、それだけに服飾してゐる點もありますが、大體にフランス趣味が濃厚です

最近の上海の街を歩いて隨分東洋的な味を持つたフランス・タイプの人達を見受けました

本島人女性は一般に上海化された流行を追つてゐる様です、殊に所上海の空氣が澄んでゐるかの如くです、特に大陸國の女性にはそれが強く表現されてゐます

さて上海を歩いて感じましたのは上流婦人が旗袍「現代の長衣」を身につけた美しさです、なだらかな胸の線、ウエストの流麗な線は、近代中華民國女性の有りのままの姿を現はしてゐます。他國で見られぬ實に良く調和のとれた垢拔けした服裝だと思ひます。殊に襟がよく表現され、場所柄にふさはしいものです

上海の旗袍は洋裝と同じくフイテング（裁縫）に重きを置いて居ます、洋裝に比して經濟的で、實に經濟な中に優美な衣裳藝術としての表現を持つてゐます、私の見解の誤はない限りは、旗袍は確かに以上の點で明日の世界服になるのではなからうかと思ひます

色彩の調和美にも申分がなく、落着いた色彩がよく見出されました。而しデザインに斬新な所を見せやうとして、かへつて生地の使ひ方に無理がある様に思はれましたが、これは缺點にもなるでせう

その缺點をあげれば

第一に各人各様の特長を一枚の生地にダーツもなしに、各人個有の線を出してゐること

第二に恰好所謂デザイン本位で、個性美と衛生的見地を忘れた衣裳であること

第三に、細い部分には變化があるが、全體として何となく面白くないこと等であります

が、とにかく優美と云ふ一字に盡きるこの旗袍は、他の洋裝にも増して私には良く感じられました主なるものを次に紹介しませう

(1)恰好の良いハイネック飾りに苦心を見せた太い線、整つた胸のデザインです、上海ではこんなデザインを發表して、ガレツヂガールが今夏のモードとしての尖端を切らうとしてゐます

(2)夏の朝にほのかな氣分でプロムナードをなさる時の薄地の旗袍で、出る時に羽織るコートの新型です

これは貴婦人用の濃い色とか縞でなく、上海のガレツヂガールのダンス・パーティなどの時に用ゐる様にデザインされた輕快な感じのするものです、一見ペルシヤ型のチユーニツクな趣があります、襟が、廣い折返しになる襟、東洋風の旗袍の様な簡單な袖口、生地は薄地のウール、又は地紋のある厚ぼつたい絹地の様なものです

(3)(4)この二つは普通の女性には殆ど縁の遠いもののやうですが御參考までに申上げます、全體は上海特産の絹レースで、銀狐の生地に黒いレースを組合せてゐます、デザインはよくととのひ、近代的な感覺が明瞭に表現されてゐます

図49　台湾で紹介された上海の旗袍
（出典：「優美な上海の旗袍――〝東洋の流行は上海から〟」「台湾日日新報」1936年5月10日付）

ることも見て取れる。この時期の上海は、「女らしさ」を特徴とする海派旗袍の最盛期だった。

一方、同時期の新聞には、旗袍姿のモダンガールの奢侈を批判する記事もみられる。たとえば、一九三五年の「台湾日日新報」には、次のような記事が掲載されていた。「元旦の台南の町では、洋装などで華やかに着飾ったモダンガールが多く見られたが、彼女たちは装飾品をたくさんつけていてぜいたくを極めていた。流行を追いかけるために、季節に逆らうような服装の女性さえしばしば見かけた」「ある若いモダンガールは、髪はパーマネントをかけ、旗袍を着てハイヒールと赤い狐の毛皮を身に着けていた。首に巻いた毛皮で背中まで覆われて狐の足を胸元に垂らして、しなを作りながら媚びるように歩いていたときに、道端の犬が彼女を見てほえだした。す

図50　1931年当時流行した「祺袍」を着た台湾の女性
（出典：前掲『台湾服装史』85ページ）

ると、ほかの犬も一気に集まってきて、彼女にほえ始めた。彼女は怖くなって急いで逃げようとしたが、ハイヒールの踵が折れて、旗袍に絡まって転倒し、犬たちは彼女の首に巻かれた狐の毛皮の奪い合いを始めた。彼女が助けを求めると、棒をもった住民たちが出てきて、犬たちを追い払った。住民たちは彼女に毛皮を早く捨てるようにと助言したという。恐怖のため、彼女の顔からは血の気が引き、体は傷だらけになった。そのモダンガールは実は近所に住む王家のいちばんかわいがられている妾だった[11]」

図51　1935年の祺袍
（出典：同書91ページ）

この二つの事例から、日本統治下の台湾では、旗袍は流行のファッションだったが、旗袍の評価は分かれていたことがわかる。このように台湾人の間では賛否両論あった旗袍を、当時の日本人はどうみていたのだろうか。

日本人が考案した興亜服

日本統治下の台湾では、同化政策（一九一九―三七年）が実施されていたが、教育と経済の分野での同化であって、政治的同化は求めてはいなかった。しかし、そのあとの皇民化政策期（一九三七―四五年）に入ると、台湾の漢人や先住民に対して、外見も内心も「日本人化」し、日本政府や天皇に忠誠心をもつように求めるようになった。こうした皇民化政策の一環として、日本語教育を強化し、家族全員が家で日本語を話すことを奨励する制度（国語家庭）が導入された。また、漢人の伝統的信仰とその拠点である廟や寺を廃棄し、神道を信仰するように求めた。

こうしたなかで、精神的な面での「日本人化」だけでなく、外見の「日本人化」、つまり服装の日本化の政策も進められていった。しかし、中国的な要素が強い本島服や旗袍を和服や標準服へ変えようとする施策はあまり効果を上げなかった。台湾総督府は一九四〇年に「本島婦女服の改善運動」を実施したが、中年以上の漢人女性は和服に変えることに抵抗し、ツーピース式の本島服を着続けていた。[12]「日本人化」するために台湾総督府が同化政策や服飾改善運動を繰り返したにもかかわらず、なぜ和服は台湾人女性に浸透しなかったのだろうか。それは、日本に対する抵抗の表れなのか、それともほかに何か理由があったのだろうか。

東方孝義によると、肌を露出することを極端に羞恥し、袖や裾を不必要なほど長くして体を隠していた台湾人も、一九四〇年代前後になると洋装や前述のような近代的な衣服を着用する者が増え、身体の曲線や肌の美しさを躊躇なく見せるようになっていたという。時代による考え方の変化が影響したものだろうが、それだけではなく、「台湾婦人服は実用と経済だけを主として調整されただけで、ほかには何の変哲もなく、服装美で大いに欠けるところがあるので、衣裳化粧を介意するようになった近代婦人は勇敢に旧殻を捨てて、新様式に突入したということだろう」と東方は述べている。つまり伝統的な服装に比べて、外から入ってきた新しい様式の服は明らかに美しかったからだというのである。しかし、服飾美の点からみて優雅で艶美な日本式の衣裳がほとんど取り入れられていないのは、なぜだろうか。東方は、その理由として、日本の婦人服は着装が面倒なこと、座作に不便なこと、製作に経済的でないこと、時候に応じて多くの種類が必要なこと、台湾の気候に合わないことなどをあげている。[13]

女性の服飾改革には、日本国内の国民服の影響もあって、皇民化運動のなかで常に議題にあがっていた。「日本色を強化すること」（日本化）と、「中国的な要素を弱めること」（脱中国化）という二つがその要件だった。これは、和服の着用を提唱し、旗袍を排除することを意味した。[14]

旗袍は流行のファッションとして着用は認められたが、同時に「支那服」の一つとしても認識されていた。たとえば、一九四一年九月の「民俗台湾」の記事は、本島服と長衫（旗袍）について次のように説明している。「本島服とは内地で支那服と言っているものと同様のものであり、長衫とは女性の支那服として代表される上から下までの長い服のことだ[15]」

支那服を着る台湾人の生活習慣は、日本の国民意識や国民感情とは一致しないと台湾総督府はみていた。支那服を着用することは、すなわち「中国化」するのではないか危惧があった。このため戦時中は大陸の中国人を連想させる本島服や旗袍を廃止し、和服の着用の推奨が強化されたのである。水商売を営む台湾人女性に対して、戦時中なので挑発的な旗袍をやめて質素な洋装に変えろと警察署が通達した例もある。旗袍を楽しんでいた富裕層の女性たちもこうした動きを受けて洋装に変え、そのため洋装の仕立職人になるための補習所などが大繁盛したという。

しかし、旗袍に対する政治的な圧力のかけ方は地方によって差があり、台北や基隆などの都市では、街角で旗袍姿の女性を見かけることもしばしばあった。とはいえ、一九四〇年以降、台湾総督府の厳しい政治的圧力のもとで旗袍を着続けることは容易なことではなく、かなりの勇気が必要な行為だったことは間違いない。

一九三〇年代半ばの旗袍の流行から四四年の日本の戦局悪化までの時期を通観すると、日本人の旗袍に対する見方にも諸論があったことがわかる。たとえば、ボディーラインを見せる旗袍のデザインは「皇国婦人」の礼儀にふさわしくないから排除すべきだとする反対派がいるのに対し、衣装としての美しさや布の節約、南方の気候に適応するといった点から、旗袍を支持する者もいた。このように日本人の間でも賛否両論があったことから、台湾女性が旗袍を着ることがある程度許容されていたのである[16]。

戦時中、旗袍を徹底的に排除しなかった理由としては、興亜服との関係がある。旗袍を改良した興亜服は、日本主導で普及を図った東アジア共通服として期待されていた。一九四〇年、台湾総督府は「国民精神総動員」の一環として、長衫（旗袍）を洋式に変えることを推奨した。その改造法（図52）としてあげていたのは、たとえば、中国式の紐ボタンを西洋ボタンやスナップに変えること、中国的な立て衿（立領）を洋装の衿（翻領）に変

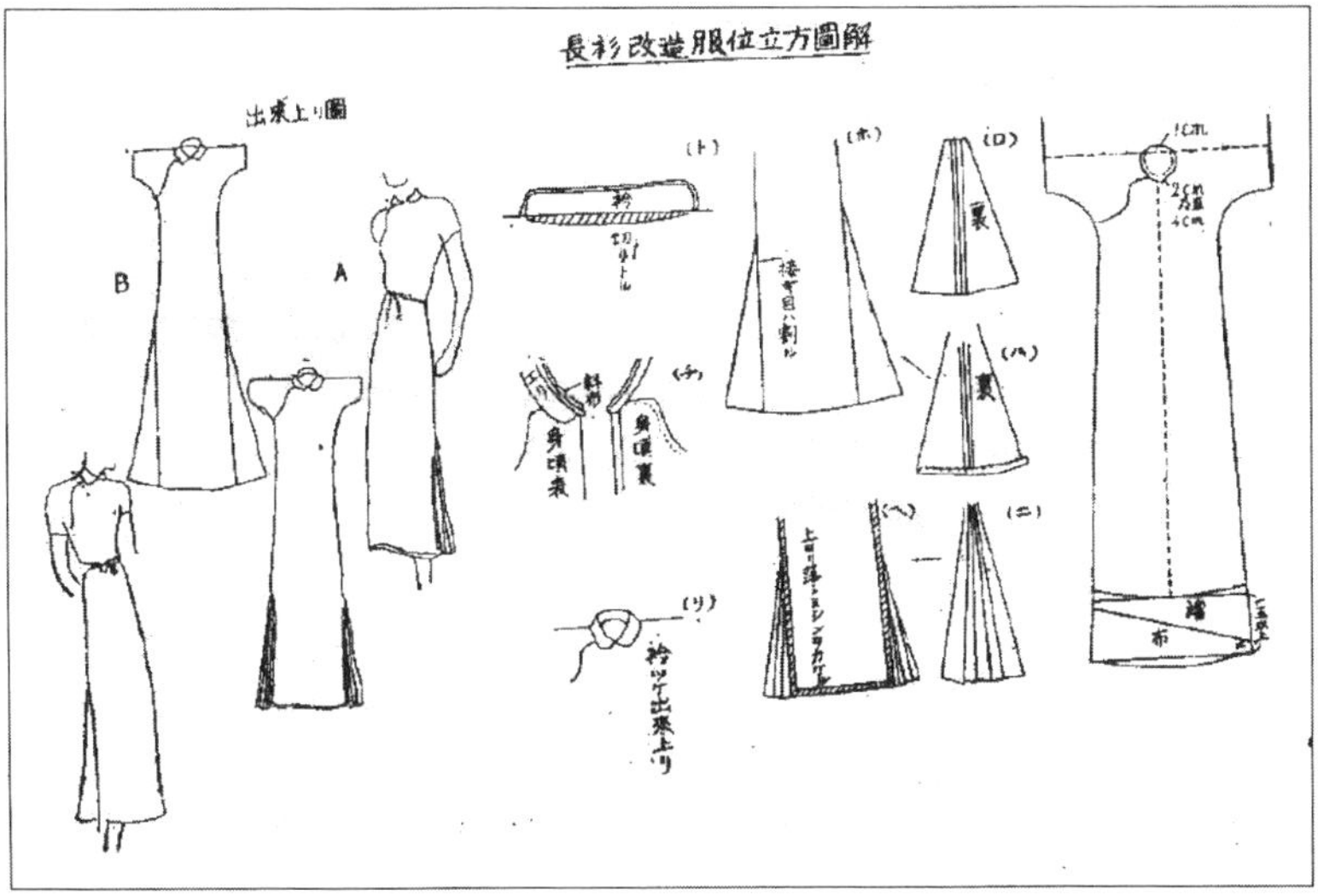

図52　長衫（旗袍）の改造法
（出典：洪郁如「旗袍・洋装・もんぺ（燈籠褲）――戦争時期台湾女性的服装」、中央研究院近代史研究所編「近代中国婦女史研究」第17期、中央研究院近代史研究所、2009年、37ページ）

えること、旗袍の裾を切り取ってそれをスリットに縫い付けてスカートにすること、洋服のワンピースのように旗袍に帯をつけること、などだった。[17]

こうした旗袍の改造を、台湾の作家であり女性学研究者である張小虹は「力の場」と表現している。[18] ここでいう「力」とは、植民―反植民のような硬直した対立概念ではなく、場合によっては互いの要素を入れ替えることができる力だという。すなわち、植民と反植民の力学のなかで、双方がそれぞれの特徴を入れ替えることによって新たなものが生まれるという意味である。ここでは、中国を連想させる長衫（旗袍）と洋装を折衷した結果として「長衫式の洋装」が生まれたことがそれにあたる。旗袍をもとに改造したこの服は、中国と西洋の要素が融合したものだった。旗袍の洋式（洋装）化は、政治的な隠喩もはらんでいる。旗袍と洋装の融合は誰も見たことがない新しい興亜服を生み出し、そのデザインは、中国式なのか、西洋式なのか、日本式なのか区別がつかない「脱地域性」が特徴の、どこにも属さない服なのである。

図53　旗袍と洋装のデザインを折衷した興亜服
（出典：「新しい興亜服」「台湾日日新報」1940年7月7日付）

日本が考案した興亜服は一九四〇年以後、盛んに取り上げられるようになった。図53の写真にある二つのデザインは、旗袍の長所を生かし、洋装のデザインと折衷した夏用の興亜服で、東京でも流行したという[19]。そのほかにも、当時の新聞記事には興亜服に関する記事が多数掲載されていた[20]。

このように、日本統治下にあった台湾の旗袍は、植民地という特殊性もあって、都市大衆文化と消費文化の産物であるとか、あるいは「中国人」の民族性を象徴する記号であるとかの観点だけでは論じきれないところがある。台湾の旗袍にはファッション性と民族象徴性の間に独特の「ねじれ」のようなものがあるのだ。

日本と大陸とのはざまにある台湾では、旗袍には独自の意味があった。つまり、流行と植民地支配の両面から意味を読み取ることができるし、また、そうしなければならない。旗袍を身に着けたからといって、必ずしも「抗日」を表すとはかぎらないし、和服を着用したからといって、「親日」とは言いきれないのだ。

一九三〇年代という時代は、世界中をモダンの現象が席巻し、多くのモガ・モボ（モダンガール・モダンボーイ）が現れた。彼女／彼らは戦争という現実を突き付けられながらもモダンの余韻を楽しんでいたのである。

日本人の目には台湾旗袍は支那服であり、「中国的」と映っていたのだが、台湾の漢人女性にとっては新しいファッションの一つであり、モダンな洋服と似たような感覚で着用されていた。台湾の漢人女性にとっては「中国的」なのは、旗袍よりもむしろ台湾の伝統のツーピース式の「本島服」だったのである。日本人からみて、「中国的」な旗袍は、台湾女性がイメージする「中国的」とは必ずしも一致しなかったといえるだろう。

だが、台湾華人のなかには大陸の出身者や親族が大陸にいる者もいたので、誰もが旗袍に「中国」を感じなかったわけではない。むしろ日中戦争や日本による植民地化によって、旗袍に新たな「中国」イメージ、すなわち大陸に対する愛国イメージが生じ、旗袍を通して中国への思慕の念は高まったと思われる。

しかし、日本統治が終わると、この状況は一変した。旗袍は新たな意味を獲得した。それは外省人と本省人を区別するための目印になったのだ。

2——日本統治後の台湾旗袍

外省人の到来と台湾旗袍

一九四五年以後、台湾は中華民国政府の統治下に入ったが、この時期の女性の服装は三つの時期に分けて考えることができる。第一期は四五年から四九年、蔣介石が台湾に来るまでの時期である。第二期は、四九年に国民党中央政府が樹立してから、五九年までの時期である。第三期は、六〇年代以降の「中国小姐」の旗袍問題や、七〇年代の「旗袍正名運動」議論が起きた時期である。

第一期は、台湾の人々にとって政治体制の転換期だったため、政治も経済も不安定だった。日本支配が終わり、新たな支配者である国民党政府軍が台湾に入ってきたとき、台湾住民はそれを歓迎する気持ちが強かった。物資が限られるなかで、花嫁衣装を旗袍に作り直して着る女性たちもいたのは「祖国の一員」であることの表明だったといえる[21]。

しかし、一九四七年に二・二八事件[22]が起きてから、本省人と外省人の対立が激しくなり、本省人の女性は旗袍を着なくなっていった。四九年に国民党政府が大陸から台湾に逃れてきて以降、台湾に定住した大陸の「新移民」は百五十万人に達し、以前から台湾にいた漢族人口の四分の一に達した。

このような人口構成の変化は、服飾に与えた影響も大きかった。まず、五十万人の国民党軍が街中にいたので、軍服が目立つようになった。当時、本省人は外省人と自分を区別するために、「日本式の下駄」や日本的な要素を取り入れた洋装などを着ることがあった。このことから、本省人は日本から大きな影響を受けていたことがわかる。正式な礼服の場合、外省人は中国式の馬褂と長袍や、中山服（孫文が考案した男性服）を着る人もいたが、本省人は西装（背広）だった。のちに西洋文化が普及して西装（背広）を着る人が増え、外省人も本省人も区別がつかなくなった[23]。

一般的に、ある民族集団がほかの集団と政治的に対立した場合、「伝統服」や「民族服」を身に着けることは、他集団への対抗姿勢の表明になる。しかし、台湾の場合は複雑だった。

本省人も外省人も同じ漢民族なので、伝統的な服を着ることは民族的抵抗を意味しない。旗袍や長袍を身に着けることは伝統的な中国社会への帰属意識を示すが、日本的な服や洋服を着ることは、国民政府に対抗する意思表示にみえる場合もあれば、本省人と外省人のいずれの民族服でもないので、両者の対立を和らげる意図を示す場合もある。このように、日本式の衣服は植民地支配時代とは異なる意味をもつようになった。

一九三〇年代に台湾で流行したモダンファッションとしての旗袍は、第二次世界大戦中は流行が下火になったが、四九年に国民党政府が台湾に来てからは、大陸の女性が旗袍を着ていたため、再び台湾でも流行し始めた。これが冒頭の時期区分の第二期である。それ以前は地方政府（省）だった台湾は、中央政府の所在地になったことで政治的位置づけが変わった。その影響で人々は中央政府の外省人の服装をまねるようになった。最も典型的なのは女性の旗袍だった。旗袍は当時の官僚の夫たちが着ていた服で、国家意識を象徴する意味をもっていた。こうして国民党政府が台湾に来てからの五十年間に、中国式の旗袍は台湾女性の主流服になったのである。[24]

しかし、同じ旗袍でも台湾式と大陸式は違う。大陸のものは藍色の陰丹士林布が中心で、デザインも台湾よりはゆったりしていた。長いズボンの上に旗袍を着る人もいたが、台湾では長い旗袍は不人気だった。大陸にいたときは官僚の夫人たちの旗袍はどれも足の甲まで長かったが、台湾に来てからは裾丈が膝上になり、太ももが露出しているものも多く見られた。[25]一九五〇年代の台湾民衆には生活に困窮している人が多く、服を着飾る余裕があまりなかった。それでも、五〇年代には台湾の女性服の流行は旗袍と洋装が中心だった（図54）。

図54　1950年代の旗袍と洋装
（出典：前掲『台湾服装史』129ページ）

第三期の一九六〇年代になると経済が安定し、生活水準も上がってきたので、服飾が重視されるようになった。六〇年六月五日には台北「大華晩報」の主催で、第一回「中国小姐」美人コンテストがおこなわれた。その後、六二年四月二十九日には「台中小姐」や「高雄小姐」などの美人コンテストも実施された。[26]

台湾の「中国小姐」美人コンテストは、旗袍と深く関わっている。一九六〇年に開かれた第一回は社会に大きな影響を与えた。優勝者の林静宜は、淡い色の旗袍を身に着けて優勝を勝ち取った。当時、コンテストに応募する際には、旗袍の着用が必須条件だった。受賞インタビューを受けたとき林は、「中国女性の旗袍は、デザインが美しいだけでなく、生地も節約できる。旗袍を身に着けると、優雅で上品になり、身体美も表せる」と述べている。第二回の「中国小姐」に優勝したのは李秀英だった。李はミス・ワールドに出場し、国際美人コンテストで優勝した初めての中国女性になった。李も林と同じように、旗袍と唐装を身に着けて、さまざまな公の場に登場し、旗袍の中国的美を世界の舞台で見せつけた(27)。

しかし一方では、美人コンテストは若い女性の虚栄心を助長しかねないとの世論の批判もあり、そのため、台湾の「中国小姐」美人コンテストは四回しかおこなわれなかった。一九六三年にいったん休止し、六四年に復活したが、それを最後に開催されなくなった。

この「中国小姐」美人コンテストは四回で終わったが、社会的影響は大きかった。コンテストを中止した理由は、若い女性の虚栄心をあおらないようにということだったが、そうではない。むしろ「中国小姐」という名称に問題があった。「中国小姐」ではなく「台湾小姐」とするべきではないか、またコンテストの際、旗袍を着るかどうか、などをめぐって台湾社会で論争が起きたのである。

この議論は、美人コンテストの名称にとどまらず、旗袍の呼称にまで及んだ。王宇清(28)は台湾の服飾史研究の大家だが、著書『国服史学鉤沈』(29)のなかで、旗袍の名称について次のように主張している。中国では歴史上、貴婦人の礼服はすべて「袍」か、あるいは「深衣制」(春秋戦国から漢代に着られた、衽の先を腰に巻き付けて着るワンピース型の衣服。袍服も上衣下裳も深衣に由来する)を用いてきた。明朝まではどの時代もこうした袍服の伝統が伝承され続けてきたのだから、「旗袍正名運動」を始めて、満洲人の袍服を意味する「旗袍」を、中国で歴代にわたり伝承されてきた袍服である「祺袍」に改めるべきだ、というのである(30)。

祺袍か旗袍か

チャイナドレスは、一般的な名称である旗袍以外に、台湾では「祺袍」という字を使うこともあり、現在台湾では、旗袍と祺袍の両方が使われている。[31] ただし、旗袍の呼称問題は、イデオロギー的なものと見なされているから、中国国内の服飾学会などの学術分野では議論されない。

一九七四年の元旦、台北市で中国祺袍研究会の設立大会が開かれた。大会の司会者である王宇清は「祺袍的歴史与正名」（祺袍の歴史と正式な名称）と題して講演をおこなった。その講演で、王は旗袍を祺袍に改名するべきだと提案し、祺袍こそが正式な名称であると主張したところ、全会一致で賛成をみた。大会後、改名の理由書を政府に提出して正式な審査を経て、「祺袍」という名称が採択された。[32]

こうした「祺袍運動」を通して、しだいに台湾の学術界では祺袍という呼称が定着し、民間にも徐々に浸透していった。だが、この旗袍の「正名運動」は、ある程度の効果があったものの、実際に祺袍という字を使うのは、一部の仕立業者を除いてそうは多くなかった。

しかし、旗袍の正名運動からは、旗袍という服飾がどんな歴史とイデオロギーを秘めているかが垣間見える。単に「旗」という字が大陸とのつながりを強く反映しているからというだけではなく、旗袍の裁断法に台湾と大陸では違う点があるということも、台湾の学者は旗袍正名運動の根拠の一つとしていた。

現在、旗袍という名で呼ばれるドレスは、西洋の立体裁断法を用いて、胴体と袖とを別々に裁断し、胸下からウエストまでにダーツを入れることで、ボディーラインを強調するデザインになっている。この西洋式の裁断法で作ったドレスは、中国の伝統的な平面裁断法（「十字形平面結構」）と違って、人体を立体的に見せるデザインになっている。この裁断法の違いが反映したドレスの形こそが、「祺袍」と「旗袍」の違いだと論じたのである。

西洋的裁断法と中国的裁断法の違いをめぐって、なぜこれほどまで議論する必要があったのか。実は、この議論の裏には、中国の歴史上の衣服にはさまざまな隠喩的な意味や象徴的な意味が託されていたという事情がある。

中国では古代から、身体にまとう衣服は「天」と「大地」の象徴とされ、上半身に着る服を「衣」、下半身に着る服を「裳」と呼んでいた。上下別々のツーピース型の服は「上衣下裳制」といい、上下が一体化したワンピース型の袍服は「衣裳連属制」という。旗袍は後者に属している。

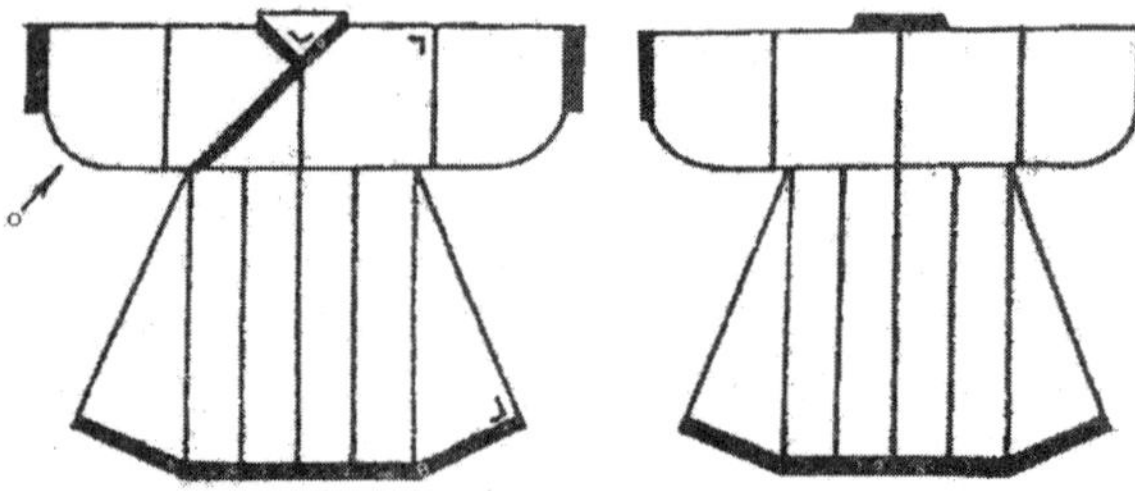

図55　深衣の正面（左）と背面（右）
（出典：孫世圃編『中国服飾史教程』中国紡織出版社、1999年、19ページ）

伝説では、黄帝（紀元前二六九〇—二五九〇年）、尭（紀元前二三五七—二二五六年）、舜（紀元前二二五五—二二〇六年）の時代には、国の安寧のために、「天」と「大地」を象徴する「上衣下裳制」という服飾制度を国家制度の一部として定めていた。一方、「衣裳連属制」では「深衣」（図55）という服飾形態が古くから知られていた。深衣は古代の袍服の一種であり、一般的には白い布で作られ、上衣と下裳が一体化した丈の長い服のことをいう。基本的には、領《えり》は交領（盤領または直領）で右衽《うじん》、袖口は広く、腰を帯で締める、という四つの特徴があげられる。

ほかの中国古代の袍服と比べると、深衣の最も大きな違いはワンピース型の袍服をツーピース型のもののように上半身と下半身に分けて裁断してから、上下を縫い合わせて一枚の袍服にしている点である[33]。

わざわざこのような手間がかかる裁断法にしたことには、儒教思想が関係している。中国古代の服飾には、道徳的な意味が付与されている[34]。儒学者たちは、先祖のしきたりに敬意を払うために、わざと上下を別々に裁断し、それから一枚の長い服に仕上げたのである。

中国の歴史では、どの時代でも統治者は必ず服飾制度を定めていた。衣服は単に身体を保護するものではなく、国家秩序の維持とも密接に関係していた。このことは、多くの史料（『左伝』『道徳経』『韓非子』など）にも書いてある。とくに『礼記』には、服の色と材質、季節と場所、男女の区別、日常着と晴れ着といった服飾に関する細かい規定が記されていた[35]。中国では伝統的に平面裁断で服を作っていた。平面裁断は、身体と衣服の関係（個人を表現するかどうか）によって決められたルールにのっとっておこなわれた。民国期の旗袍は、この伝統的な裁断法である平面裁断法で作られていた。身体のラインを際立たせるためにダーツやファスナーのような西洋技術を取り入れることはあったが、裁断自体は立体裁断法ではなかった。スリットから見える足のラインや肌の露出がモダンな女性美だと見なされていた。西洋女性のように、くっきりとボディーラインを表す「身体美」はまだ女性美として浸透せず、「露出」と「隠すこと」とのバランスが美しさだとされていた。当時、女学生たちが西洋文化を取り入れる一方で、「束胸」の風習をまだ続けていたことも、このことを物語っている。

しかし、大陸では戦後は文化大革命などの影響で、旗袍は完全にすたれてしまった。一方、台湾ではそうした事情がなかったため、民国期の旗袍文化が継承された。大陸では一九八〇年代の改革開放期になって旗袍が復活するが、その多くは台湾や香港の旗袍にならったもので、それがいまに至っている。(36)

このように、台湾は文化大革命のような政治運動がなかったから一貫して旗袍文化を継承してきたと、台湾の服飾史家は認識している。平面裁断であれ立体裁断であれともに時代の産物であり、旗袍の変遷史の一部ということになる。「祺袍」という名称は、民国期の「旗袍」とは異なり現代の旗袍は西洋化したものなので、新たな呼び名で呼ばれるべきだという主張から生まれてきた。大陸の旗袍文化は断絶した時期があったが、台湾の「祺袍」には歴史的連続性があるので、台湾式の「祺袍」こそが「正しい呼び名」なのだという主張である。旗袍に立体裁断法を導入したのは台湾だったというのが、その基本的根拠となっている。

確かに一九五〇年から七〇年代末までは、中国国内の服飾裁断関連書籍をみても旗袍に関する記述はない。八〇年代の改革開放期以降に、ようやく再び旗袍が現れてくるが、飲食店やカラオケの従業員の制服として使われるだけで、日常生活のなかでは見かけなかった。また、デザインも伝統的な平面裁断ではなく台湾や香港で改造されたデザインを取り入れている。

だが、民国期のモダンガールたちが身に着けていた新型旗袍、海派旗袍、改良旗袍も、すでに西洋的な技術を取り入れていた。それと祺袍とはどこに決定的な違いがあるのだろうか。

民国期には細部で西洋技術を取り入れても、「十字形平面結構」という伝統的な平面裁断の方法は変えていなかった。しかし、改革開放後の旗袍は、平面裁断ではなく立体裁断によって胴体と袖を分けて作られた旗袍になった。これはまさに台湾の祺袍である。人体を表現する衣服の裁断法を平面的とするか、立体的とするかという選択は、中国の伝統文化を継承しているかどうかを判断する基準になる。

旗袍の呼び名に関する議論は、平面裁断を使った「中国伝統」の旗袍と、立体裁断という西洋文化を採り入れた台湾の祺袍との間の問題として、大陸と台湾のどちらが旗袍文化の「正統な伝承者」なのかという問題に直結する。最近、台湾ではさまざまな分野で、「脱中国化」の傾向がみられる。「旗袍」の「正名運動」もその現象の表れといえるだろう。

中国大陸の歴史や中国で用いる名称は、台湾社会では一種の抵抗感をもって受け止められる面もあるが、一方、それを継承すべき必要性があることも認識されている。現在の台湾社会では、中高年世代と若者との間では中国に対する考え方が違う。国民党とともに大陸からきた外省人のなかには、祖先や故郷に対する思いや、中国の歴史文化への憧れや誇りといった感情をもつ人もいる。また、中国とうまく付き合えば「金が儲かる」「人民は豊かになる」と思っている人もいる。だが、外省人自身も台湾社会の一員であり、自分は「台湾人」だという意識ももっている。こうしたことから、外省人は中国に対して複雑な思いを抱いていることがいえる。

一方、民主化とともに育った若者には「何でも言える自由」が大事なのだ。「台湾の子」と称する楊大正は、「外省人だから、内省人だからという対立は消えつつある。違いはあるけど、「私たちは台湾人」という主体性が育ちつつある」と「朝日新聞」のインタビューに答えた。[37]

このような違う考え方からも、中国のイメージを表す旗袍の名称に対し、台湾の学者は「正名運動」を引き起こした。他方では、旗袍の歴史にある文化的価値も認めている。いずれにしても、旗袍は一つの記号として時代を超えて「無言のメッセージ」を人々に与えている。日本統治下の台湾の旗袍と比べると現代の旗袍には「中国的」な色彩が濃くなってきたことは、確かな事実である。

注

（1）日本統治時代には、台湾人はみずからを「本島人」と呼び、日本人を「内地人」と呼んでいた。「本省人」というカテゴリーは、第二次世界大戦が終結したあと、台湾が新たに中華民国の統治を受けるようになってから生じた。国民党政府（蔣介石政権）が台湾を接収し、中華民国の省の一つである「台湾省」として編入してから、台湾人を「本省人」、大陸からの移住者を「外省人」と呼ぶようになった。当時、「本省人」「外省人」は一般的な用語として使われたが、台湾では両者の違いが強く意識され、エスニシティー（族群）の意味も含まれている（王甫昌『族群――現代台湾のエスニック・イマジネーション』松葉隼／洪郁如訳〔台湾学術文化研究叢書〕、東方書店、二〇一四年、五七ページ）。

（2）現在の台湾では「華人」とは、東南アジアの中国系漢人をさすことが多く、台湾の漢人はみずからを「台湾人」（漢人に限る。先住民も台湾人だが、漢人は彼らを「山地民」や「高山族」、あるいは個別の民族名で呼ぶ）と呼んでいる。もちろん、「華人」に対する自他意識の議論は必要だが、本章では便宜上、台湾と東南アジアの中国系漢人をまとめて「華人」と呼び、台湾だけをさす場合は「漢人」と呼んで区別するが、例外も生じる。

（3）一八九八年（明治三十一年）に創刊された「台湾日日新報」は、日本統治時代の台湾で最大の新聞として知られている。総督府の支援を受けた「台湾日日新報」は、最盛期の発行部数五万部を記録し、植民地台湾の日常生活を知るには最適な資料である。また、「民俗台湾」（東都書店台北支店）は、一九四一年七月十日から四五年一月一日まで通巻四十七号を発行し、日本統治時代の台湾で日本の知識人が中心になって編集した記録・研究のための雑誌である。台湾と関連する諸地方の民俗資料や服飾情報などを記録している。そして、三四年創刊の「台湾婦人界」（台湾婦人社）は、台湾中産階級の女性向けの雑誌である。それ以前も女性向けの雑誌がなかったわけではないが、日本人の編集者が手がけた女性誌がほとんどで、掲載してある料理や服飾、家庭生活の情報はほとんど日本と同じだったから、風土や気候が明らかに違う台湾では読者に受け入れられなかった。「台湾婦人界」は、台湾の漢人自身が編集した初めての女性誌で、服飾の情報も多く、台湾内部の視点が生かされていた。

（4）高本莉『台湾早期服飾図録――TRDIONAL IN TAWAN 1860-1945』（「台湾文化之美」第一巻）、南天書局、一九

九五年、三五ページ
(5) 王甫昌『当代台湾社会の族群想像』群学出版、二〇〇三年、二八ページ
(6) 東方孝義『台湾習俗』南天書局、一九九七年、五―六ページ
(7) 袴は和装の二部式の下衣である。騎馬民族の影響を受けたもので、日本ではすでに古墳時代に男性の服として存在していた。奈良時代から礼服や朝服として使用され、男性の正装になった。女性の場合は平安時代から男性と同様に晴れ着装束として着用されたが、襠があるため着脱が不便なところから鎌倉時代にスカート風になった。だが、室町時代に小袖帯が現れてからは使わなくなった。ただ、宮中では旧習を守っていたので女性は着用し続けていた。女袴は明治時代から昭和初期にわたって、女学生の制服として着用された。現在でも女子大生が卒業式の礼服として着ることが多い。現在着用されているものの多くは、江戸時代後期に現れた着式の袴で、「行灯袴」と呼ばれ、長い巻きスカートのようなタイプで腰板がない(前掲『服飾辞典』六三八ページ)。
(8) 「台南のモダン男女と流行界」「台湾日日新報」一九二八年九月二十九日付
(9) 前掲『台湾習俗』六ページ
(10) 「優美な上海の旗袍――〝東洋の流行は上海から〟」「台湾日日新報」一九三六年五月十日付
(11) 「摩登女宛如狐精、群犬見其怪状撲之――為旗袍絆倒面着犬爪、怪旗袍美人台南王家寵妾」「台湾日日新報」一九三五年二月六日付
(12) 葉立誠『台湾顔、施両大家族成員服飾穿着現象与意涵之研究――以施素筠老師的生命史為例(1910―1960年代)』実践大学出版、二〇一〇年、一三二―一三四ページ
(13) 前掲『台湾習俗』六ページ
(14) 洪郁如「旗袍・洋装・もんぺ(燈籠褲)――戦争時期台湾女性的服装」、中央研究院近代史研究所編「近代中国婦女史研究」第十七期、中央研究院近代史研究所、二〇〇九年、三一―六六ページ
(15) 「民俗台湾」一九四一年九月、東都書店・台北支店、二九―三〇ページ
(16) 謝黎「植民地台湾における旗袍(チャイナドレス)」、東北芸術工科大学東北文化研究センター編「東北芸術工科大学東北文化研究センター研究紀要」第十五号、東北芸術工科大学東北文化研究センター、二〇一六年

（17）張小虹『時尚現代性』聯経出版、二〇一六年、三一七―三一九ページ
（18）同書三二二ページ
（19）「新しい興亜服」「台湾日日新報」一九四〇年七月七日付
（20）たとえば、「和風を加味した興亜服の裁断法――一反でできる袷と羽織一組」（「台湾日日新報」一九四〇年三月八日付）、「洋風を加味した興亜服の特徴――これこそまったく理想的な型」（「台湾日日新報」一九四〇年三月九日付）、「興亜服と東洋調の髪形」（「台湾日日新報」一九四〇年八月十日付）、「興亜服の基本資料――服装解決こそ緊急問題」（「台湾日日新報」一九四〇年三月七日付）などがある。
（21）葉立誠『台湾服装史』商鼎数位出版、二〇一四年、一二二ページ
（22）二・二八事件とは、一九四七年二月二十八日に台湾で起こった外省人に対する本省人の大規模な抗争と、それに続く国民党政府による大虐殺のことである（前掲『族群』五九ページ）。
（23）同書一二四ページ
（24）前掲『台湾顔、施両大家族成員服飾穿着現象与意涵之研究』一四二ページ
（25）前掲『台湾服装史』一二四―一二六ページ
（26）前掲『台湾顔、施両大家族成員服飾穿着現象与意涵之研究』一五五ページ
（27）前掲『中国旗袍文化史』一八一ページ
（28）王宇清。一九一三年、江蘇省高郵県生まれ。関西大学文学博士、台湾著名服装史学専門家。台湾国立歴史博物館の創始人であり館長を務めた。台北中国祺袍研究会会長。著書に『中国服装史綱』『歴代婦女袍服考実』など服飾史学に関するものが多数ある。
（29）王宇清『国服史学鉤沈』上・下（輔仁大学研究叢書）、輔仁大学出版社、二〇〇〇年
（30）前掲『時尚現代性』三四八ページ
（31）前掲「旗袍和祺袍称謂考証及其三種形態」
（32）同論文一六三ページ
（33）周錫保『中国古代服飾史』中国戯劇出版社、一九八四年、五四ページ

(34)『礼記』「深衣篇」の説によると、深衣という服飾形態には五つの法則（「深衣五法」）があるという。①規（袖園似規）：「袂円」は「規」を表し、袂は肩から肘までの部分をさす。「規」とは、知恵をもって、打ち解けて交渉することを、丸形の袖口は、コンパスのように物事をうまく治めることを意味している。②矩（領方似矩）：四角い襟は「矩」を表し、方正で人にへつらわないことを意味する。③縄（背後垂直如縄）：まっすぐで、偏らないことや誠実さを表している。背中で、上衣に貫い通っている縫い目は「縄」のようだ。④権（下擺平衡似権）：重量を測るときに使う錘のように落ち着きがあり、変化に驚かないことを意味する。裾幅の形は「権」、つまり分銅のようだ。分銅とは秤で物の重量を量るときに使う錘のことをさす。⑤衡：秤の棒のように、水平で公正であることを表す。裾はまっすぐな「衡」、つまりはかりの桿（竿状の棒）のようである（前掲『中国服飾史教程』一八ページ）。

(35) 華梅／周夢『服装概論』中国紡織出版社、二〇〇九年、二三四ページ

(36) 前掲「旗袍和祺袍称謂考証及其三種形態」一六三―一六四ページ

(37)「「台湾の子」の心」「朝日新聞」二〇二〇年四月十一日付

【コラム】　日本のチャイナドレス・イメージ

チャイナドレスはいわゆる和製英語だが、この言葉がいつごろから使われるようになったのかははっきりわかっていない。一九三二年（昭和七年）に「婦女界」十二月号（婦女界社）で初めて使われたのではないかという説があるが、それ以前には使われなかったのかどうかは定かではないという[1]。

日本にはチャイナドレスのイメージに関する研究はほとんどないが、ジェンダーの視点で植民地時代のモダンガールに関する研究[2]や、一九二〇年代から四〇年代の「支那服」の流行や、昭和・大正期の日本人男性

と「支那服」（中国人男性の服が中心）の関わりを、詩人や作家、随筆家の作品から考察した論考がみられる。[3]また、谷崎純一郎の支那趣味が感じられる文学作品で中国女性がどのように描かれているかを通して、旗袍をはじめとする「支那服」について、衣装と身体の関係論から論じているものもある。[4]

美術の分野では、藤島武二や梅原龍三郎が描いたエキゾチックな「中国服」の女性像が有名だ。二〇一四年四月二十六日から七月二十一日まで東京のブリヂストン美術館で、「描かれたチャイナドレス――藤島武二から梅原龍三郎まで」という展覧会が開催され、十九世紀から二十世紀初頭に日本の洋画家たちが描いた中国服姿の女性像が展示された。

明治維新以降、ヨーロッパやアメリカに目を向け始めた日本だが、中国への憧れや愛着も根強かった。大正時代には中国趣味ブームが湧き起こり、芥川龍之介や谷崎潤一郎が中国をテーマにした小説を次々と発表した。美術でも、多くの日本人画家が中国服を着た女性像を描き始めた。日本人女性に中国服を着せて描く例も多く、安井曾太郎が一九三四年に描いた『金蓉』が知られている。[5]

このように戦前の日本では、旗袍をはじめとする「中国服」のイメージは、中国文化への憧れとオリエンタリズム的なまなざしの両方をもっていた。民国期に上海で活躍した日本人女優の李香蘭（山口淑子）や中国映画、横浜・神戸・長崎にある華人街のイメージなどを参考に、民国旗袍も漢人女性の上衣下裳も「支那服」ととらえて描いていたことが見て取れる。日本統治時代の台湾の旗袍に、中国服のイメージとモダンファッションの両方をみていたことも、これらの絵画からうかがえる。

現在の日本のチャイナドレスのイメージは、戦前と比べるとずいぶん変わった。とくに若者には、チャイナドレスをコスプレ（コスチュームプレイ）の衣装や仮装、またはパーティードレスとみている人が多くいる。チャイナドレスの歴史を知ると、驚いたり感心したりといった反応が多い。

若者にとって、チャイナドレスには、アニメ、マンガ、ゲームに登場する中華風のキャラクターが着ている衣装というイメージがあり、単純に「萌え」の対象としてとらえている。[6]実際に、「中国　イラスト」でネット検索すると、チャイナドレスは検索結果として上位に表示されるのである。中国を代表する服として、チャイナドレスは定番になっている。

このようなチャイナドレスのイメージが日本に浸透したのは、映画とアニメがきっかけだった。香港映画『霊幻道士』(監督：リッキー・リュウ、一九八五年)をもとに制作された『幽玄道士』(監督：趙中興)が八七年に日本でヒットしたことが、チャイナドレスを日本の若者に印象づけるきっかけになった。

同じ一九八七年に、アーケードゲーム『ストリートファイター』(カプコン)が発売され人気を博し、九一年発売の『ストリートファイター2』(カプコン)では、丈が短いチャイナドレスを身に着けた春麗という格闘家の少女が登場し、若い男性ユーザーに人気を博し、チャイナドレスはしだいに日本のサブカルチャーに浸透していった。

また、一九八九年に放送されたテレビアニメ『らんま1／2』(フジテレビほか)には、深いスリットが入ったチャイナドレスを着たシャンプーという女の子が登場した。夕方のゴールドタイムにテレビで放送されていたので、さまざまな年齢層の人々が視聴していたこともあり、「中国＝チャイナドレス」のイメージはさらに広まっていくことになった。最近のヒットアニメである『銀魂』(テレビ東京系)にも、神楽というチャイナドレスにおだんごヘアで、語尾に「アル」をつけて話す美少女が登場するが、中国的イメージをそのままキャラクターにしたといえるだろう。

このように、さまざまなアニメ、マンガ、ゲームに中国人少女が登場し、その多くは、体のラインを強調するデザインで、スリットが入ったチャイナドレスを身に着けている。こうしたチャイナドレスは、コスプレとして楽しまれることが多い。チャイナドレスをかわいいと思い、自分でも着てみたいと思う若者がいるからである。チャイナドレスは、中国の伝統服や中国の民族文化であるという理解以前に、セクシーなかわいい服として日本の若者に広まっていったのだ。

ところで、このようなチャイナドレスにまつわるイメージが定着するにあたっては、前述のサブカルチャー的背景以外に、ほかの要素もあげられる。

中国では一九八〇年代に始まった改革開放政策のもと、レストランやカラオケ店などのサービス業で「制服旗袍」が現れた。七〇年代、日本と中国が国交を結んだときに流行していたのは人民服（「中山服」ともいい、近代中国男性の標準服として文化大革命期に流行した）だったが、自由に行き来できるようになってから日本人が注目したのは、これら「制服旗袍」だった。制服旗袍のデザインは、民国旗袍と違って、当時イギリス領だった香港旗袍のデザインを参考にしている。民国期後半にあたる日中戦争から中国の内戦（蔣介石と毛沢東）の間に、多くの人が上海から香港に移住した。同時に上海旗袍が香港に伝わり、香港は六〇年代から大衆文化の最盛期を迎えた。

日本でなじみがあるチャイナドレスは改革開放以後の制服旗袍だが、中国では旗袍文化は文化大革命で否定され、「断絶」したといっても過言ではない。軍服や人民服が最先端ファッションだった時期を経て、一九八〇年代以降の改革開放期に現れた制服旗袍は、当時イギリス領だった香港で発展した西洋立体裁断法による旗袍と同じデザインである。

一九四九年以降の香港旗袍は主に二つの時期に分けられる。第一の時期は五〇年から六〇年半ばまでの黄金期である。この時期は、上海の海派旗袍の延長上にありながらもイギリス文化も取り入れていた。西洋文化は主流文化として香港に浸透し、西洋人の美意識が香港人の服飾の嗜好に影響を与えていた。

この時期の香港旗袍は、民国期の旗袍と比べると、より西洋化され、セクシーさと神秘的な雰囲気が融合したものになった。その妖艶なイメージが西洋人からも魅力的だとみられていた。西洋人からみた東洋女性の神秘性や、オリエントたち（東洋趣味をもつ人々）のまなざしによって作られていく香港旗袍は、上海の海派旗袍から徐々に離れていった。そのことは当時の香港映画に典型的に現れている。ヒロインが着る旗袍のデザインは、上海の海派旗袍よりも体の凹凸を強調するようになった[7]（図56）。西洋人は、このスタイルを好んでいた。

図56　映画『スージー・ウォンの世界』
（出典：劉瑜『中国旗袍文化史』上海人民美術出版社、2011年、165ページ）

この時期の香港旗袍のセクシーで妖艶なイメージが、のちに香港映画を通して、文化大革命後の中国大陸や日本に伝わり、現在の「萌え」文化としてのチャイナドレス・イメージにつながったのではないかと思われる。

第二の時期は一九六〇年代半ば以降、香港女性が日常着を旗袍から西洋服へと替えて、香港旗袍もしだいに衰退していった時期である。六〇年代半ば以降、香港経済は急速に発展し、西洋的な生活様式がどんどん浸透してきた。旗袍は礼服としては残っているが、日常着ではなくなった。七〇年代になると若者の間では洋服や西洋的な考え方が一般的になったため、旗袍は敬遠されるようになった[8]。

旗袍は、中国の伝統にのっとりながらも西洋的審美眼からも美しいと思わせる服として、日常的には着用されない、特別な服になっていった。香港人にとって旗袍とは中国的でありながら西洋的でもあった。つまり、中国人と西洋人の双方から認められることが期待された衣装だったのである。実際にこの時期の香港旗袍は、この二つが交じったハイブリッドな服だった。裾丈が短くなり西洋のミニスカートのような旗袍は、ほっそりして小さく、東洋女性の華奢な身体を表すと同時に、西洋女性のように起伏があるボディーラインの魅力も表現していた。このような旗袍は、中国人にとっては違和感があるが、中国と西洋を融合した異国情緒を感じさせた。実際、西洋人が夢中になったのも、この異国情緒のためだった。

一九五〇年代から六〇年代の香港人のアイデンティティーは、中国と西洋の間で揺れていて、不安定な状態だった。映画のヒロインが着る旗袍もそれを反映して、西洋人がイメージするセクシーなデザインだったが、深いスリットが入っているなどというのは、中国の伝統文化では本来は許されないものだった。香港人はそれを認めたくない思いを抱きながらも、その一方で、こうした女性像が西洋人の目には絶世の美女として映し出されていたことを受け入れていたのである。

こうしたチャイナドレスのイメージは、香港映画のなかだけにとどまるものではなかった。日本のマンガやアニメでは、最初は中国人キャラクターのシンボルとして用いられていたが、そのうち、中国でもない西洋でもないハイブリッドなアイテムとして、デフォルメされたデザインになった。それが若者たちの間でチャイナドレスの人気をますます高めたのである。

このように上海の民国旗袍がセクシーな香港旗袍へと変わり、さらに日本に入ると旗袍の歴史的背景が消えて、現在のような日本的なチャイナドレスになったのである。

注

（1）広岡今日子の講演会「旗袍の誕生と変遷」横浜ユーラシア文化館、二〇一九年六月九日（開港百六十周年記念「装いの横浜チャイナタウン――華僑女性の服飾史」二〇一九年四月十三日―六月三十日）での指摘。「婦女界」一九三二年十二月号でチャイナドレスが初めて使われたという。

（2）前掲『モダンガールと植民地的近代』、北原恵編著『アジアの女性身体はいかに描かれたか――視覚表象と戦争の記憶』（「日本学叢書」第四巻）、青弓社、二〇一三年

（3）劉玲芳「「支那服」の流行――1920年代の新聞記事から」、大阪大学大学院言語文化研究科日本語・日本文化専攻「日本語・日本文化研究」編集委員会編「日本語・日本文化研究」第二十六号、大阪大学大学院言語文化研究科日本語・日本文化専攻、二〇一六年、同「日本人からみた中国人の身装文化――1910―40年代の言説を中心に」、日本語日本文化教育研究会編集委員会編「間谷論集」第十号、日本語日本文化教育研究会編集委員会、二〇一六年、同「1920―30年代における日本の文化人と「支那服」」、日本比較文化学会編「比較文化研究」第

百二十五期、日本比較文化学会、二〇一七年、同「日本人男性と「支那服」の関わり――1910―40年代を中心に」、大阪大学大学院言語文化研究科日本語・日本文化専攻「日本語・日本文化研究」編集委員会編「日本語・日本文化研究」第二十八号、大阪大学大学院言語文化研究科日本語・日本文化専攻、二〇一八年

(4) 山田晃子「谷崎潤一郎の作品における服飾――装うということの魅力」、大阪大学大学院文学研究科比較文学研究室編「阪大比較文学」第七号、大阪大学比較文学会、二〇一三年

(5) 石橋財団ブリヂストン美術館『描かれたチャイナドレス――藤島武二から梅原龍三郎まで』石橋財団ブリヂストン美術館、二〇一四年

(6)「チャイナドレス」「ニコニコ大百科」(https://dic.nicovideo.jp/a/ チャイナドレス)〔二〇一九年十一月一日アクセス〕

(7) 映画『スージー・ウォンの世界』(監督:リチャード・クワイン)は一九六〇年にイギリスとアメリカの制作会社が合作した(制作会社はWorld Enterprises Inc.〔アメリカ〕とWorldfilm Ltd.〔イギリス〕。パラマウント映画配給)。イギリス人と中国人の両親の間に生まれた女優の関南施(ナンシー・クワン)はクアラルンプール出身で、欧米の映画界で初めて成功したアジア系の女優として知られている。六〇年代にはセクシーな東洋女性の象徴だった。

(8) 前掲『中国旗袍文化史』一六九―一七〇ページ

第６章——海を渡った旗袍２——マレーシアの海峡華人と旗袍

1——サラワク州シブ市の華人社会と旗袍

華人社会の歴史と衣生活史

筆者は大陸中国の旗袍を中心に研究していたが、大陸以外の華人社会では旗袍をどうみているのかを知るべきだと考え、二〇一四年から華人文化が色濃く見られるマレーシアを調査するようになった。とくに、さまざまな華人集団がいるサラワク州シブ市を調査地とし、華人たちに旗袍にどんなイメージをもっているかについて聞いた。

多民族国家であるマレーシアでは、華人とそれ以外の人々を区別する際に旗袍はどのような役割を果たしているのだろうか。華人であり、かつマレーシア国民の一員である女性は、いつ、どこで、どのように旗袍を着用しているのか。国民服としてのマレー服と旗袍との違いをどのようにみているのか。以上を本章で明らかにしたい。

そのために、まず、旗袍のファッション性と歴史性の側面からマレーシアの華人女性について考察する。それに関連して、十九世紀後半から現在にかけてのマレーシアの華人社会について、旗袍と華人アイデンティティーとの関わり方を検討する。

サラワク州シブ市は、マレーシアの東側にあるボルネオ島に位置する。華人は先住民のイバン人と同じく州人口のほぼ三分の一を占めているが、マレーシア全体では多数派はマレー人である。華人自体も出身地や言語によって、福建、福州、客家、泉州、広東、海南などの集団に分かれる。

マレーシアの華人の歴史は古い。一五一一年にポルトガルがマラッカを占領したあと、福建出身の貿易商がマラッカに住み始めてマレー人女性と通婚し、現地化したのが最初だとみられている。彼らは俗称で男性はババ(Baba)、女性はニョニャ(Nyonya)と呼ばれ、総称としてババニョニャという[1]。

図57　バジュ・パンジャンとサロン
(出　典：Pinang Peranakan Mansion Straits Chinese Jewellery Museum)

ババニョニャは中国語では「海峡華人」（Straits Chinese）、マレー語ではプラナカン（Peranakans）という。マレー半島で一般化したババニョニャ文化とされるものは、福建・広州・客家出身者がマレー半島に移住して以降、現地社会のさまざまな要素を取り入れて変化させたハイブリッドな文化である。

図58　シブ市の華人女性の上衣下裳と旗袍（筆者所蔵）

ババニョニャのほかに、十九世紀よりも前に鄭成功を擁護して清朝を離れた移民もいれば、十九世紀後半にスズ鉱山やゴム農園を開発するためにシブ市にやってきた、「苦力《クーリー》」と呼ばれる大量の中国人移民もいた。さらに、十九世紀以降になると、中国の内戦から逃れてきた人々や、一九五〇年代以後に入ってきた「新移民」などもい

図59　男を操るモダンガール
（出典：「詩巫日報」1939年2月1日付）

図60　女性教師の旗袍（筆者所蔵）

る。[2]

このように出身地も移民となってやってきた時代もさまざまなので、服飾文化もそれぞれ違う。だが、ババニョニャの長衣であるバジュ・パンジャン（Baju Panjang）とサロン（腰衣）[3]（図57）にしても、二十世紀初頭に移民してきた華人女性の上衣下裳と旗袍（図58）にしても、中国を想起させ「自他」を意識し区別する指標として機能していたといえる。

十九世紀から二十世紀初頭のシブ市には、旗袍をまとったモダンガールがいたことも当時のイラスト（図59）から見て取れる。モダンガールは男を操る魔力をもつと思われていた点も、二十世紀初頭の上海と変わらないことが想像できる。[4]

一九五〇年代から七〇年代ごろになると、若い女性にはワンピース、中年女性には南洋式の上衣下裳が人気だった。ただし、年配の客家女性は相変わらず伝統的な上衣下裳を着ていた。旗袍を身に着けていたのは学校の女性教師だった（図60）。八〇年代以降になると、一部の女性教師を除いて、旗袍を着る女性はほとんどいなくなった。

華人の旗袍とマレー人のバジュ・パンジャン

現在、マレーシアの華人社会では、旗袍はすでに教科書で教わるものになっている。たとえば、華人学校の教科書である『公民教育故事系列』には、華人の伝統文化の一つとして、ババニョニャの服（左：クバヤとサロン、右：バジュ・パンジャンとサロン）（図61）と華人の服（旗袍と唐装）（図62）が時代によって区別して記載されている。

華人が多民族国家マレーシアの国民として、国慶節（マラヤ独立記念日）などの政府が主催するイベントに参加する際には、着用するのは旗袍ではなく、国民服としてのバジュ・パンジャンとサロン（マレー人の民族衣装）である。とくに、学校の教師や公務員は、毎週金曜日は必ずバジュの着用が決められているので、華人もそ

図61　ババニョニャの服
（出典：『公民教育故事系列——伝統芸術由我們来伝承』大地出版社、2006年）

図62　華人の旗袍と唐装
（出典：同書）

れに従っている。

華人女性が旗袍とバジュをどう使い分けているかについて、シブ市の仕立業者に話を聞いた。オーナーによると、華人女性からは、クバヤ、マレー服のバジュ、チャイナドレスを思わせるようなデザインなど、さまざまな注文がある、という。旗袍は特別な技術が必要なので、限られた仕立業者でしか仕立てられない、だが、高値でオーダーするよりも、中国から安くて種類も豊富な既製品の旗袍（図63）や生地（図64）が輸入されているので、旗袍の注文は少ないという。

このように、華人女性が着る服にはさまざまな種類がある。実際に、シブ市の街中では旗袍を着ている人はほとんどいない。

その一方で、シブ市では、二〇〇四年から不定期に旗袍のファッションショーがおこなわれている。ファッションショーで披露される旗袍は、最初は教科書で教えられたものや祖父母の記憶にある旗袍の特徴、中国のテレビドラマや映画の主人公が着ているものを参考にして作っていたが、最近ではもっぱらネットの情報に基づいている。

マレーシアの華人社会では、華人と非華人、または華人のなかのさまざまな集団を区別するときに、旗袍はどのような役割を果たしているのだろうか。次に、旗袍のファッションショーを主催した関係者らに対する聞き取り調査から、シブ市の華人たちが旗袍にどのようなイメージを抱いているのかをみてみよう。

図63　既製品の旗袍（筆者撮影）

図64　中国から輸入された旗袍生地（筆者撮影）

薙容华丽的贵妃装，是现代旗袍老祖先之一。

図65　「貴妃装」
（出典：砂拉越華人婦人会編『旗袍之約』砂拉越河婆同郷会、2004年、3ページ）

2——旗袍の「歴史性」と「ファッション性」

旗袍のファッションショーに託されたメッセージ

旗袍調査のためにシブ市の華人社会を訪れたのは二〇一四年だった。そのとき、十年前の〇四年二月にシブ市で旗袍のファッションショーがおこなわれたことを知った。そのファッションショーについて記録した『旗袍之約』(5)から二つのことがわかった。

一つ目は、旗袍が中国女性の「伝統服」だととらえられているのは、唐や清といった中国の王朝に起源をもつと見なされているからだということである。

『旗袍之約』には旗袍の歴史を説明する部分に、楊貴妃をまねた宮廷服の「貴妃装」（図65）や、清朝の満洲人貴族女性の旗袍「格格装」（図66）などをあげているのが目につく。また、二十世紀初頭の民国期に高級妓女として有名だった「鳳仙」の名を冠した上衣下裳の服である「鳳仙装」（図67）も取り上げていることから、旗袍の歴史にはそうした漢人女性の衣服の歴史も含まれていると考えられているようだ。

二つ目は、スリットやくびれの強調など、旗袍はセクシーさや女性らしさを表すファッションというとらえ方をされていることである。また、旗袍は礼服やフォーマルな服の代表であるという考えもみられる。たとえば、大人の女性の魅力を表す旗袍のデザイン（図68）を紹介していたり、正式な場に適した華麗な服だということを例をあげて説明している（図69）。

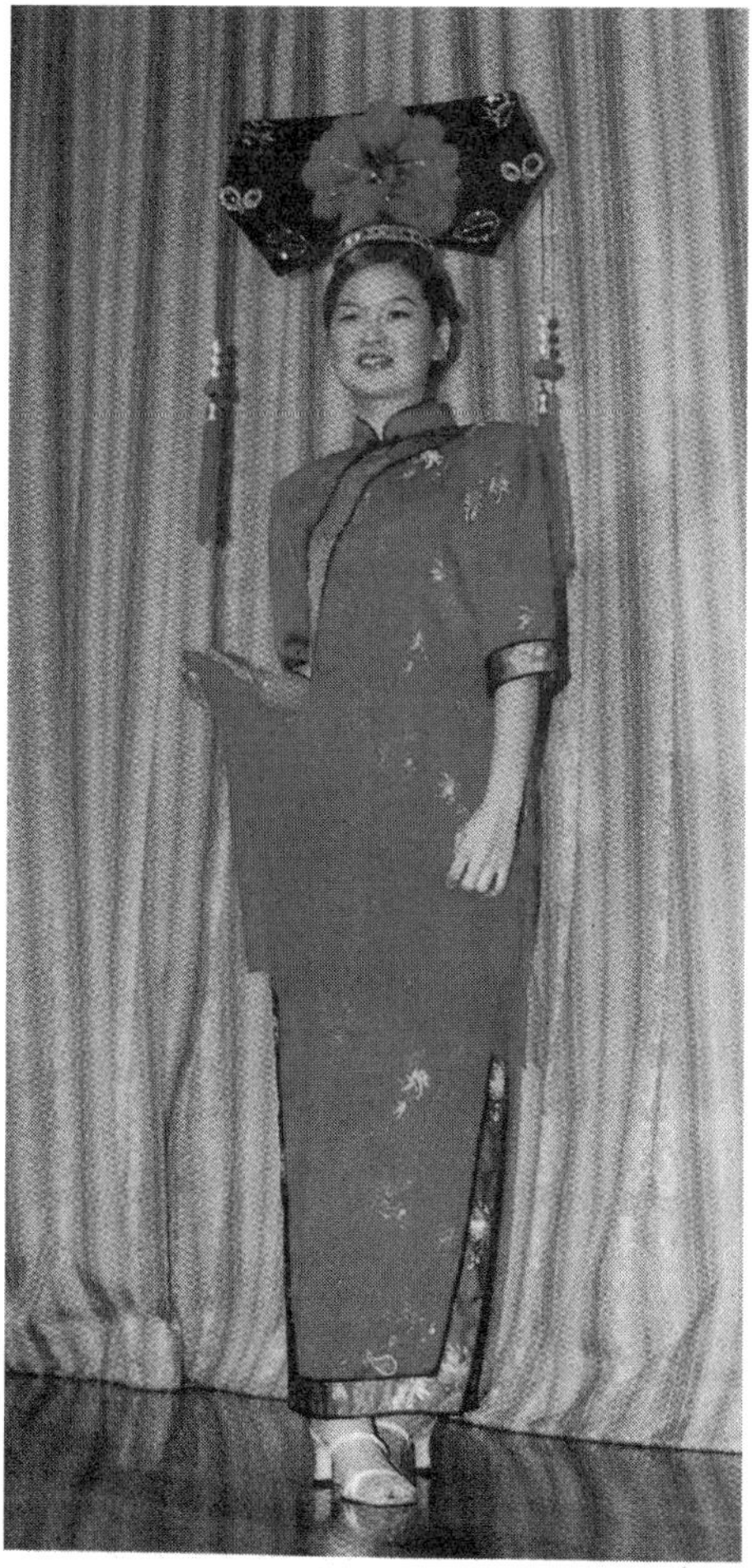

図66 「格格装」
（出典：同書8ページ）

シブ市では華人たちが旗袍に歴史性とファッション性という二つの要素を含めた見方をしていることは、次のような記述からもうかがえる。「五千年の文化伝承と三百年間の歴史的沈殿を経て、旗袍という服が現れた。それを中華の女性たちの身にまとわせたことは、新しい時代に目覚めた巨大な龍のようであり、旗袍は国際舞台に立ち、再び中華文化の花を咲かせ始めた[6]」

この『旗袍之約』にある「五千年の文化伝承」とは、「中華文明」が有史以来連綿と続いてきたことを、「三百年間の歴史的沈殿」とは、清朝が三百年近く存続した王朝だったことを意味している。「沈殿」には歴史の重みといった意味がある。日本語では、沈殿するというと不純なものが底に沈んでたまる（停滞する）とか窮乏して下層社会におちぶれるとかいい意味はないが、そういうイメージではない。むしろ、輝かしい文明の蓄積をさすものである。ファッションショーは、悠久の歴史に由来する旗袍の「歴史性」と、国際舞台で再び中華文化が花

民初凤仙装是现代旗袍的大姐

図67　「鳳仙装」
（出典：同書12ページ）

咲き始めた証しとしての「ファッション性」を示すことがテーマになっていたことが読み取れる。

それでは、実際にシブ市の華人たちは、旗袍に対してどのようなイメージをもっているのだろうか。

二〇一五年一月にシブ市福州公会青年団が主催した第十三回ボルネオ文化祭の際、旗袍のファッションショーが開催され（図70）、同時にサラワク州の旗袍デザイン・コンテストがおこなわれた。そこで、主催者や参加者らにこのファッションショーの詳細について聞き取り調査をおこなった。

ファッションショーの参加者は十八歳から三十三歳までの十八人で、それぞれ十二の華人集団(7)に属している。これらの参加者をはじめ、ショーの関係者たちから旗袍にまつわるイメージについて話を聞いたところ、共通する評価が四つあることがわかった。

一つ目は、旗袍は中国女性の伝統服だという評価である。参加者たちのコメントから、旗袍のなかに歴史や伝

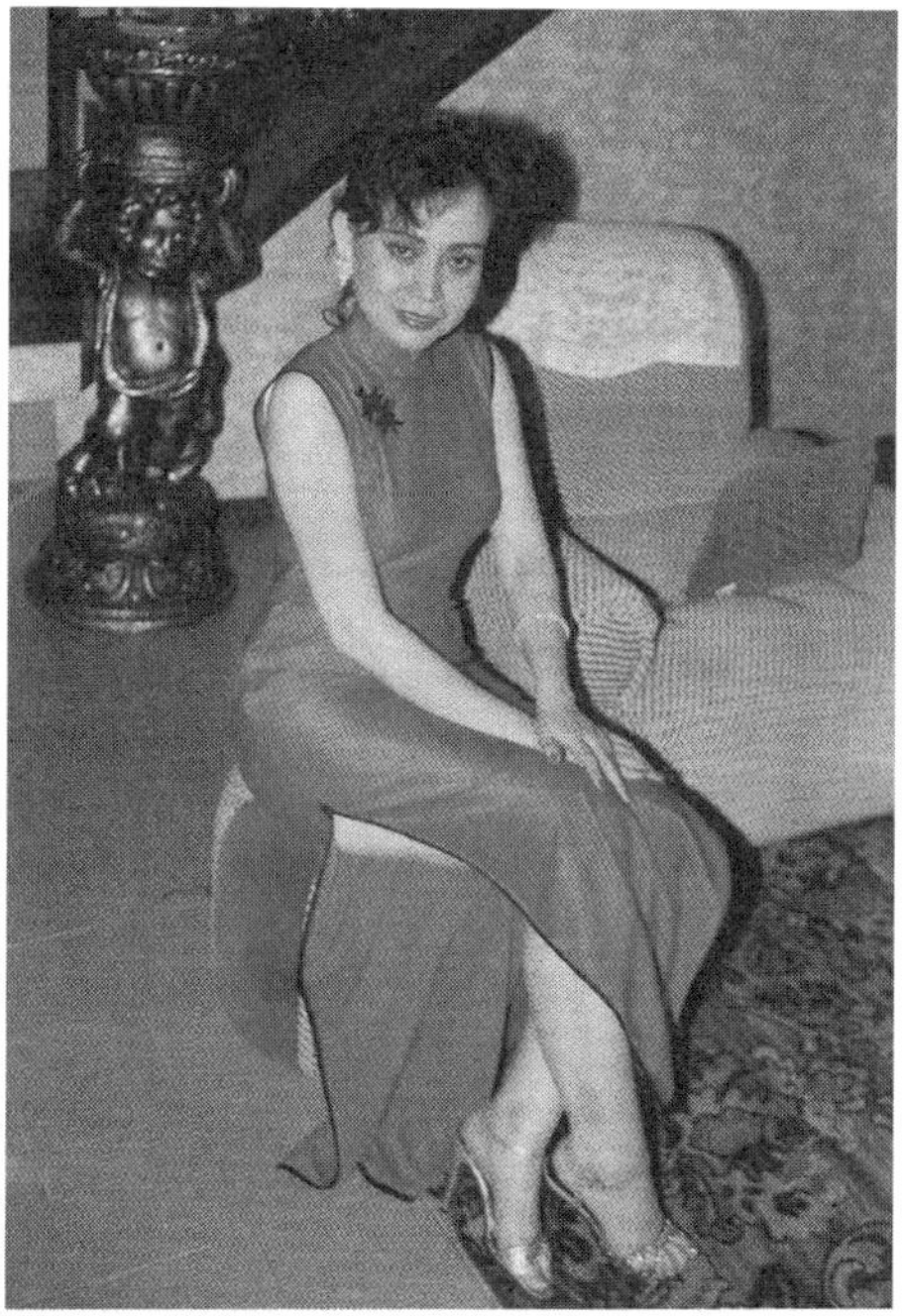
合身的裁剪，虽布料单纯，也能突显出成熟女性的韵味和魅力。

図68　大人の女性の魅力を表す旗袍
（出典：同書17ページ）

統を感じていることがわかる。たとえば、「中国女性の伝統服」「東洋女性の伝統服」「中華民族の服飾文化を表している」「伝統や民族精神を代表し独自の価値がある」「各民族の文化交流にも役立つ」「華族の伝統服飾」「中国の伝統や民族服の代表」などのコメントが並ぶ。

二つ目は、旗袍は伝統とモダンの両方を備えたデザインで女性美を表す服だという評価である。旗袍を「過去（伝統）に現在（モダン）」をつなげる服として理解し、女性らしさを見事に表現できるファッションとみていることがわかる。旗袍の特徴を「伝統・歴史」「モダン・現在」「女性美・女性らしさ」などととらえているようである。たとえば、「伝統と古典の象徴であり活動的で品がある服」「伝統的な技術を用いて女性のボディーライン

図69　華麗な雰囲気の旗袍
（出典：同書22ページ）

をきれいに表す服」「改良した魚尾旗袍（人魚のようなデザイン）は女性のスタイルを表現」「西洋的高雅と中国的吟持を融合し、華麗で静かな美を感じる」「中国風の赤い旗袍は時代の先端を感じさせてくれる」「伝統・流行・最新技術を一体化した服」「旗袍を身にまとった途端、女性の魅力が一瞬でわかる」「人間の中身と外見の美しさを一体化した服」「旗袍は服飾だけではない、中国式の優雅なライフスタイルを表している」「旗袍が一人ひとりの女性をそれぞれに表現している」などである。

三つ目は、旗袍は華人集団を象徴する服だという評価である。調査のために現地の華人とおこなった旗袍交流会では、次のような意見があった。マレーシアをはじめとする東南アジアの国々では、さまざまな華人集団が暮らしているが、互いに言葉や風習が違うから、それぞれが独自のアイデンティティーをもっている。それに対し、旗袍を着ることは、個人が属する個別の華人集団を超えて、華人という大きなカテゴリーにアイデンティティーを見いだすという意味がある。たとえば、福州公会と漳州公会との対立のような華人集団内の対抗意識よりも、むしろ華人対非華人という意識がはたらくのではないかというのである。こうした評価の基盤にあるのは中国の伝統文化に根ざした、時代も地域も幅広い範囲が含まれる華人という意識であり、旗袍には自分も華人の一員であるということを自覚させる効果があるということだろう。ファッションショー参加者の「赤い旗袍は福州人がもつ濃密な郷情を表している。藍色の旗袍は客家女性の優しさと強さ、また団結精神を表している。何を着ればいいか迷うときに、旗袍を着れば間違いない」などのコメントからも、旗袍は華人の象徴だと感じていることがうかがえる。

図70　第13届（2015年）婆羅州文化祭「華族文化風采」、全砂旗袍整体造形比賽
（出典：シブ市福州公会青年団『旗袍風采――第13回ボルネオ文化祭』シブ市福州公会、2015年）

四つ目は、旗袍の吉祥文様は中国の伝統文化を表現しているという評価である。たとえば、「刺繍の牡丹は中国文化の象徴」「祝福の赤色は過去と現代をつなぐ」「紫色は高貴と成熟、知的美を表現」「牡丹、鳳凰、鳥の吉祥文様は幸福を表す」などのコメントから、伝統的要素に着目している様子がわかる。旗袍の刺繍や織りにほどこしてある花や鳥の文様、赤や紫の色彩などは、中国が長い歴史のなかで培ってきた伝統文化を象徴する要素とされている。旗袍を身に着けると華人女性は、先祖の地である大陸を思い、自分のルーツと結び付いたという気持ちになるのだろう。

「マレーシア華人」を表す服は何か

旗袍は、こうしたファッションショーやコンテストの影響で、メディアを通してよく知られていた。しかし、現実にシブ市の華人は伝統服をどうイメージしていたのだろうか。彼らは、教科書を通して、華人を表す服として、ババニョニャの衣服や旗袍、唐装などについて学校で学んでいたが、実際に生活する各場面で自身を「マレーシアの華人」として示したい場合には、何を着ているのだろうか。次は、華人を表象する服について、理念と日常生活での実践との乖離について、シブ市の華人からの聞き取りの結果をまとめてみる。

まず、一つの事例をみてみよう。シブ市のサラワク華族文化協会の華人たちは、ある国際会議に参加する際、自分が「マレーシアの華人」であることを周囲に示すために、何を着ていけばいいのか悩んでいたという。

当初は中国で流行していた唐装を着る予定だったが、マレーシアの華人は大陸の華人とは違うことを示すために何かオリジナリティーがなければと考えた。その結果、唐装をやめて、Tシャツを考案した。マレーシア華人を示すために、サラワク州の地図のモチーフを胸にプリントし、その上に「華族文化協会」の「文」という漢字を刺繍したTシャツを着ることにしたのである（図71）。男性も女性も全員このTシャツを着て国際会議に参加したが、最後まで釈然としない思いが残ったという。シブ市の華人がみずからのエスニシティーを服装で示したいと思った場合、何を選べばいいのか、わからずにいることがこの事例からうかがえる。

図73　福州出身に属する下位集団のロゴ（筆者撮影）

図71　「文」のモチーフ（筆者撮影）
ロゴの下に砂拉越華族文化協会とある

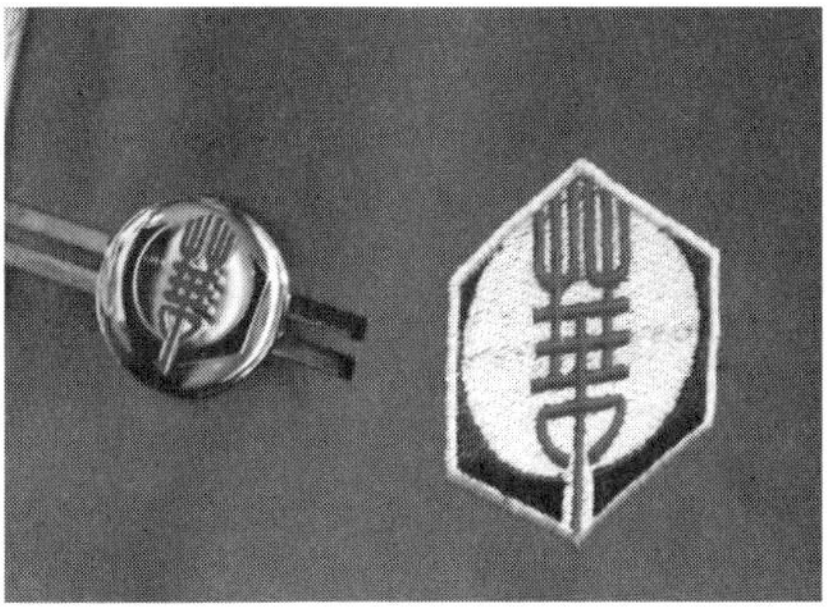

図74　華団婦女組のロゴ（筆者撮影）

図72　シブ市興化莆仙公会のロゴ（筆者撮影）

このエピソードを聞いて、国際会議になぜTシャツで参加しようと考えたのかと、当初筆者は不思議に思っていた。しかし、シブ市に滞在して華人の集会やイベントに参加しているうちに、Tシャツは着る者の「出自」を表すのに便利な服だとわかってきた。

シブ市では、各華人集団が、さまざまな年中行事、記念会、イベントを催す。いくつかの集団共同で主催することもあれば、独自におこなうこともある。そのときに参加者がよく着ているのが制服やオリジナルTシャツだった。また、各華人集団は非売品の印刷物（同郷会の会報など）を刊行しているが、そこにもオリジナルTシャツがよく載っている。

シブ市の華人たちはなぜTシャツを好むのだろうか。それはおそらく旗袍にないものがTシャツにあるからだ。逆に言えば、旗袍にある「何か」がシブ市の華人たちにとって「じゃま」になっているのではないかとも考えられるのだ。

さまざまな集まりで実際にTシャツを観察しているうちに、Tシャツの利点がわかってきた。Tシャツにはイベント名（「〇〇記念会」）や所属する組織のロゴ（「〇〇公会」など）（図72・73・74）をプリントすることができるのである。これは旗袍にはできない。また、Tシャツの色も行事や所属集団ごとに違う。行事の目的に沿って製作したTシャツは、安価で便利なのだ。

華人と非華人を区別／意識するときには旗袍のほうが役に立つが、華人のなかでそれぞれのエスニック集団を区別するときは、旗袍よりもTシャツのほうがわかりやすくて便利なのである。Tシャツで国際会議に参加するという発想はここから生まれたのだろう。むしろ「中国」を連想させる旗袍や唐装のほうが、マレーシアの国民というアイデンティティーにとってじゃまになるのである。国際会議では中国からの出席者と思われると困るということだ。Tシャツにサラワク州の地図とサラワク華人の団体名を入れれば、誰が見ても「マレーシアの国民」ということがわかる。

唐装や旗袍が「中国」や華人を表象する服としてみられていることと関連して、日常生活で実際に旗袍を着ることをどう感じているのだろうか。

華族文化協会の華人たちとの交流会で、「旗袍と聞くと何を思い浮かべるか」とシブ市の華人たちに聞いたところ、最も多いのは「華人」ではなく、「身材」（スタイル）だった。また、丈の長い旗袍は、西洋のドレスのようにフォーマルな礼服として正式な場やコンテストのときなどに着る服であり、日常着ではないととらえていた。

華人女性がファッションで参考にしているのは、メディアに登場する女優やモデルの服装だという。一九八〇年代以前は、台湾や香港の情報を取り入れることが多かったが、改革開放以後、中国大陸から入ってくる服が急増し、とくにネットショッピングの「淘宝《タオバオ》」（中国最大のネットショッピングモール）がよく利用されているという。

華人女性たちは、安くて流行のデザインが多い中国製の服を長く着ることは想定していないので、品質は求めない。女優の着ていた服のコピー商品を「淘宝」で探すこともある。一方、台湾や香港製の服は長く着られるので、高級服として認識されている。

旗袍に関する知識は、実生活のなかで伝承されているものではなく、学校教育の一つとして教えられていることはすでに述べた。学校教育は「種族」を区別するために、旗袍が華人の服であると教えているのである。旗袍のファッションショーの主催者も、シブ市の華人たちは旗袍のことはもともとあまり知らないのだと言っていた。主催者らも教科書やマスメディア、ネットを通じて得た情報をもとに、ファッションショーをおこなったという。

アイデンティティーとファッション性

旗袍のファッションショーの関係者以外のシブ市の華人は旗袍をどのように思っているのかを知るために、二〇一六年八月二十四日、筆者はシブ市で旗袍交流会を実施した（図75）。

この交流会では、参加者に四つの質問をした。第一に、あなたは旗袍がマレーシア華人の伝統服だと思うか、もしそう思うとすれば理由は何か。第二に、あなたの周りの非華人（マレー人、インド人、イバン人）から、旗袍

詩華日報　2016年8月26日　星期五　中區

巫華團婦組主辦
旗袍誕生發展交流會

（本报诗巫25日讯）诗巫省华团妇女组於昨晚成功举办配合主题活动【人间有爱，温情永在】之"近代旗袍的诞生和发展过程"交流会。

筹备会主席兼妇女组主任陈俏颖表示，穿旗袍的女人，展现的远不止"传统"及"古典"，那更是一抹诗情墨韵，一种典雅情怀，一股清丽气质。

列入華族典型服飾

昨晚在开幕礼上她表示，旗袍是华族传统服饰，也是其中一个被视为代表华族的典型服饰。

"爱美是女人的天性，旗袍凹凸有致线条流畅的特征，广受女性的喜爱，像本届华团妇女组的制服就适用了旗袍的造型进行设计及制作，作出结合轻便及美丽的服饰，让人一眼就可认出这是华团妇女组。"

她指，旗袍设计家杨成贵曾说过

筹备会主席陈俏颖（左5）及副会长刘锦虎（右2）分别赠送纪念品予开幕主宾兼该组执行顾问苏德旗副会长（右4）及主讲员谢黎博士（右3）。

交流会开始前，先来一张全体大合照。

図75　旗袍交流会
（出典：「詩華日報」2016年8月26日付）

は華人の伝統服だと言われるとどう思うか。第三に、どういう状況にあるときに、自分は「中国人」あるいは「マレーシア人」だと感じるのか、その理由は何か。第四に、多民族国家マレーシアで華人と非華人を区別する際、そもそも旗袍は役に立つと思うか。

まず第一の質問、旗袍はマレーシア華人の伝統服であるかどうかという問いへの答えは、以下のようだった。

「旗袍はマレーシア華人の伝統服である」と答えた場合に理由としてあげたのは、「マレーシアは多民族国家で各種族には独自の民族服があり、旗袍もそのなかの一つだから」ということだった。また、学校でそう教えられた、親から聞いた、さらにはいろいろな場所で華人女性を代表する服として着ていたから、という答えも多かった。旗袍が伝統服である根拠は、「世代間で伝承してきたから」「華人一族を代表するから」「正式な場や年中行事で着ているから」という意見もあった。

一方、思わないと答えた者はその理由として、「旗袍はスタイルがよくないと着ることができない」ので、「伝統服と思ってない」という。自分は「太っているから、おなかやお尻が大きくて、どうやって旗袍を着るの？」と言い、だから、「旗袍は伝統服ではない」と答える者もいた。つまり、年齢、性別、体形を問わない服でなければ「伝統服」とはいえないという意見である。

この点については、筆者が「詩巫日報」の取材を受けたときに、記者から同じような指摘があった。「重要で正式な場では旗袍を着るが、普段の生活では着ることがない。また、マレー人やインド人が、普段の生活のなかでそれぞれの民族衣装を身にまとってもまったくおかしいと思わないのに、華人が旗袍を着るとおかしく思うのはなぜだろうか。それは、スタイルのせいだろう。着用する人のスタイルがはっきりわかるから、自信がない人は着づらい。一方、マレー人やインド人の衣装はスタイルを隠すことができるので自然に着られる。こうした理由から、かつて日常着だった旗袍が徐々に礼服へと変わっていったのではないか」と記者は指摘した。

第二の質問、非華人から旗袍が華人の伝統服だと言われるとどう思うかという問いへの答えは、以下のようだった。まず、「先祖は中国出身の華人だから誇りに思う」と答えた人がほとんどだった。その理由として、「多民族国家のマレーシアで旗袍を着ると華人アイデンティティーを感じることができる」「中国文化を伝承することができる」といったことがあげられた。また、「これは普通の常識であって、新聞やテレビなどのメディアから、政府関係者の夫人や美人コンテスト、フォーマルな場面、たとえば旧正月、公会社団の祝いの会、結婚式、誕生日の宴会の際などに、旗袍を着て出席する人はよく見かけるから、華人以外の人に言われることは当たり前」という答えもあった。一方、思わない理由について、「そういうことを考えるのは面倒だから」「伝統服であるかどうかにはとくにこだわらない」といった答えもあった。

第三の質問、自分を「中国人」と思うか「マレーシア人」と思うかという問いには、次のような答えがあった。「中国や台湾、香港から来た華人に自己紹介するときには「マレーシア人」であることを強調するが、西洋人や非アジア人にはわかりやすく説明するために、自分を「中国人」だという」。また、「「マレーシア人」だとも「中国人」だとも感じるときがある」ことや、二つの国に属する「華人」だと思ったり、地球村の村民だと思っているといった答えもあった。

第四の質問は、華人と非華人を区別する際、旗袍は役立つかどうかという問いである。これに対しては、「もちろん」、あるいは、「一定の役割があると思う」といった回答が多かった。その理由としては、「もし顔を隠したら、判断できるのは衣服しかないのだから、旗袍は華人と非華人を区別する際に最も明確な判断基準になる」

図76　西洋風のドレスに旗袍のような高い衿と紐ボタンが付いている（筆者撮影）

図77　旗袍の衿と紐ボタン（筆者撮影）

図78　イバン人の絣柄をモチーフにした旗袍（筆者撮影）

という意見があった。旗袍は華人と非華人を区別／意識するときに、一定の役割を果たしていることは明らかだということになる。

　さまざまな理由でマレーシアに移住してきた華人たちは、故郷とはすでに縁が切れている人も少なくない。福建や広東が出身地だといっても、マレーシア生まれの世代にとっては訪れたことがない想像の地にすぎない。シブ市の華人たちは、みずからのアイデンティティーのあり方を、何らかの日常的な文化活動（祭り、儀礼、風俗、習慣、服など）を通して示している。そこでは、歴史性とファッション性を一体化した旗袍という衣服は、記憶による自己確認（出自、故郷、祖先）と、記憶から抽出したものによる創造（再構築するアイデンティティー）の両方をおこなううえで機能していると言えるだろう。

　このアイデンティティーを可視化することは、旗袍に欠かせない要素をイコンのように固定することで可能になる。それは華人を表象することでもある。たとえば、どんなに旗袍のデザインを変えても、衿や紐ボタンなど旗袍を象徴するパーツは、欠かせないものとして残されている。図76は、胸をあらわにしたハイカラーのデザインで、旗袍というよりも西洋風のドレスに近い印象を与えるが、紐ボタンと高い衿は変えていない。また、中国文化を表す特徴として紐のボタンは重要だが、図77はピンク地の旗袍に刺繡と織りで文様を施した前身頃に、斜めの紐ボタンが飾られている。

歴史性とファッション性を備えた旗袍は、「華人内のエスニック集団の違いを超えた」服としてはたらくこともある。さらに「常常来」という創業三十年の仕立屋の店主である鄭金芬によると、旗袍には優れたファッション性があり、そのファッション性が「民族」（華人と非華人）を超える力をもっているのである。

筆者は店頭で一着の旗袍を見て、そのことの意味を理解した。それは、先住民族イバン人の絣柄をモチーフにしたレーヨン生地で作った旗袍（図78）で、縫製は雑で着心地もよくないが、イバン人が着ても違和感がない旗袍だということは見て取れる。店主が言った「民族を超える」とは、この違和感のなさなのではないだろうか。

確かに旗袍はスタイルのよさを求めるファッションである。日常着向きではなく実用性は低い。だがそれは、華人に特化された民族表象のカテゴリーから脱して、万人に開かれたファッションとして楽しむことを可能にする特徴でもあるのだ。

注

（1）櫻田涼子「マレーシア華人社会における儀礼の変容――中元節の事例から」、筑波大学大学院人文社会科学研究科／筑波大学大学院地域研究研究科編「筑波大学地域研究」第二十八号、筑波大学地域研究研究科、二〇〇七年

（2）合田美穂「東南アジア華人移民の歴史およびマレーシアとインドネシアにおける華人移民の適応パターン」、甲南女子大学編「甲南女子大学研究紀要人間科学編」第四十一号、甲南女子大学、二〇〇四年

（3）長衣（バジュ・パンジャン）はゆったりとした前割の上衣で、西アジアに古くからある衣服とされる。袖下と脇に襠が付き、前身頃には衽布が付いている。十九世紀には、マレー人のほか、マラッカやペナンに住む中国系女性にも着用された。一九二〇年代になると、レースの素材が好んで使われるようになり、三〇年代から四〇年代には、下衣

としてペカロガンのバティック（花更紗）が好んで組み合わせされた（松本由香「マレーシアの服飾文化――とくにインドネシア・アチェの影響について」、日本服飾学会編「日本服飾学会誌」第二十号、日本服飾学会、二〇〇一年）。その後、ニョニャ・クバヤ（Nyonya Kebaya）という短い上衣とサロン（腰衣）との組み合わせに変化し、現在に至っている。

（4）「詩巫日報」一九三九年二月一日付

（5）砂拉越華人婦人会編『旗袍之約』砂拉越河婆同郷会、二〇〇四年

（6）同書、奥付

（7）シブ福州公会（古田出身）、シブ客家公会（客家出身）、シブ漳泉公会（福建の安溪出身）、シブ閩清同郷会（閩清出身）、サラワク科技大学（福州出身）、サラワク彭城劉氏公会（閩清出身）、龍峰黄氏家族会（閩清出身）、江夏黄氏公会（福州出身）、クチン福州公会（福州出身）、ビントル華総（広東出身）、マルディ福州公会（福州出身）、福州公会（福州出身）

【コラム】ペナン仏教団体の制服旗袍――聞き書きと映像資料から

マレーシアのペナン島には、多くの華人が暮らしている。華人学校が数多くあり、中国語や中国の文化を教えているほか、神廟関係の団体や会館組織も多数存在している。こうした学校・団体・組織は彼らの郷土意識を支えている。とくに、年中行事や民間信仰は、華人としての連帯感にとって欠かせないものになっている。民間信仰には、各地域の郷土神や中国本土の神など、多種多様な信仰対象がある。仏教や祖先供養、

墓の維持管理なども、彼らのアイデンティティーにとって重要である。

　こうした華人団体のなかに、慈済という仏教団体がある。筆者は二〇一六年八月にペナンを訪ねたとき、信者の女性たちを調査した。彼女たちは藍色の旗袍姿（図79）でタイから来た仏教徒を歓迎した。旗袍は慈済信者の制服だった。

　これまでも述べてきたように、旗袍は女性のボディーラインの美しさを強調する服として知られている。筆者は信者の女性たちの旗袍姿を見てとても不思議に思った。俗世の欲を断ち切ることを目指すのが仏教徒なのに、なぜセクシーなイメージがある旗袍を信者の制服として選んだのか。仏教と旗袍には何のつながりがあるのだろうか。旗袍に慈済は何を求めているのか。宗教にとって旗袍とは何かについて知りたいと思い、慈済の信者たちに聞き取りをした。

　慈済は、証厳上人を教祖とし、台湾で設立されてから五十年以上の歴史をもつ仏教団体である。現在、慈善組織（NGO）として国連にも認められている。この慈済には三種類の制服がある。

　一つ目は旗袍制服である。旗袍は慈済の信者の大礼服であり、柔和忍辱衣と呼ばれている。年末の祝福の

図79　慈済信者の旗袍（筆者撮影）

際や慈済に入信するとき、また告別式など比較的厳粛で正式な場で着るのが、この制服旗袍である。教祖の証厳上人は、柔和忍辱衣について、最も美しくて、品がある服は柔和忍辱衣であると述べている。この服を身に着けると、端正、厳粛、慈悲、柔和の心をもつようになり、「自分が仏教徒であること」と「自分が慈済の一員であること」を忘れることがなくなり、それが信者自身の気品にかかっているというのである。

二つ目は「八正道」という制服である。「八正」とは、「正語、正定、正見、正思惟、正精進、正命、正業、正念」の八つの正しいおこないをさすが、この服には前身頃に八個のボタンが付いていて、「八正」を象徴している。「八正」は慈済の信者にとって修行目標や教養を表しているから、この服を着ると普段から正しいおこないをするように自分に言い聞かせることができるという。

三つ目は「藍天白雲」と比喩的に表現される、紺色のシャツと白いズボンを組み合わせた制服である。この制服は、一般的に、街の清掃活動や環境整理、震災支援などの際に着用するものである。

こうして、慈済の信者たちは、TPOによって三つの制服を使い分けている。これらの制服があることで、団体成員の責任感や使命感を自覚させることができ、それだけでなく、集団をまとめる団結効果もある。

なぜ、旗袍ではなく「柔和」と「忍辱」という語を組み合わせた別名にしたのだろうか。旗袍を慈済の大礼服として選んだ理由は、『法華経』(第十品「法師品」)の内容に従ったからである。「忍」とは忍耐できる心をもつことであり、「辱」とは忍耐することである。慈済信者の制服旗袍を柔和忍辱衣と呼ぶのは、周りの人々にやさしい気持ちで接することや忍耐が求められているためである。つまり、善行をして仏縁を広げることが期待されているから、この名前にしたのだ。

信者によると、藍色の制服旗袍を身に着けると、自分の気品のよさを保つことができるという。他人を尊重し、謙遜を忘れないこと、悪い習慣や傲慢と偏見を取り除き、自分自身の人格を上昇させることが、この制服旗袍を着ることで促されるという。

この旗袍を着る資格をもつのは慈済の成員だけである。旗袍を身に着けると、自分の行為に気をつけるようになる。しかし、この服を着るから「柔和忍辱」になるわけではない。真の意味の「忍辱心」は日常生活のなかから現れるもので、それを忘れることは一瞬たりともありえない。このことこそが本当の「柔和忍辱」であるという。人を愛する心をもつことや実際に善行ができることがこの旗袍に求められているので、その意味を込めて柔和忍辱衣と名づけたのである。

華人文化が色濃く見られるマレーシアでは、旗袍の歴史的背景についてほとんど知られていないことは前に述べた。華人たちは、旗袍を通して、非華人との交流も図っていると同時に、スタイルがよくないと旗袍が着られない、といった「女性らしさ」を表すファッションとしても受け止めている。

一方、慈済は、こうした「身体性」とは異なる意味での「女性らしさ」を称揚するために、女性信者の制服として旗袍を採用した。柔や忍、自制心や慈愛といった品格がその「女性らしさ」であり、それが実際にどのように現れるかは「告別式」での衣装にみることができる。

「告別式儀軌」という団体の教えのなかの「服装」に関する記述によると、告別式で女性は大礼服の旗袍を着て、慈済式の髪形をし、黒い革靴を履くことが定められている。告別式の会場に入る順番は、男性が先に入り、女性が男性のあとに入ることになる。着席の際、女性は旗袍を着ているので座る姿勢を注意し、会場を離れるときも厳粛であることが求められている。この記述では、儀礼上着用する服飾に関する規定は、男性は背広だけだが、女性は旗袍が最高の装いで、以下は「藍天白雲」やほかの慈済制服の順で着用できるとある。しかし、やはり大礼服と呼ばれている以上、旗袍の着用が暗黙のルールである。

旗袍の特徴であるセクシュアルな身体性の強調による「女性らしさ」ではない。忍耐を美徳とする仏教団体にとっては、しなやかさや上品さこそが「女性らしさ」なのである。一見矛盾するようにみえるが、どちらの「女らしさ」も社会的に作られた「女性性」の一つの要素であり、旗袍は、どちらも表現できる装置あるいは器（変換器）として利用されていると解釈すべきだろう。

第7章——旗袍・唐装・漢服の論争——「中国人」の「伝統服」とは何か

1——唐装は「伝統服」なのか

APEC唐装の流行

前述したように、中国には漢族を含め五十六の民族がいるとされる。漢族には特有の「伝統服」があるのか、または、漢族の「民族服」とは何かと聞かれると、多くの漢族は当惑するだろう。この問いは漢族にとって、答えにくい問題なのだ。少数民族はそれぞれ民族服をもっているが、十億人以上いるとされる漢族だけが明確な「民族服」をもたないからだ。

日本には和服がある。韓国には韓服がある。インドにはサリーがある。これらの国の人々は、自国や自民族を代表する「民族服」を身に着ければどこの国の人間なのか一目瞭然である。しかし、何千年もの歴史をもちながら、中国の漢人には、時代ごとにさまざまな服があったにもかかわらず、自国を代表する「国服」がないのが現状である。

海外の華人は、「中国人の伝統服は？」と聞かれると、「男性は中山服、女性は旗袍」と答える人が多いかもしれない。しかし最近、中国では旗袍を「漢族の伝統服」と認めない動きが出てきている。また、二〇〇〇年代に入ってから「漢服」と呼ばれる服がメディアに登場するようになると、街角で漢服姿の若者が多く見られるようになった。

漢服がメディアで取り上げられるようになる一方で、旗袍を支持する一定の層の人々もいる。現在、中国では「国服」の議論が起きているのだが、その議論の中心に旗袍派と漢服派がいて、両者が互いに「自分こそが正統だ」と主張している。それぞれが一歩も譲らないので決着はつきそうにない。

図80　APEC での唐装
（出典：「チャイナビュー」2003年5月号、イスクラ産業）

さらに、「唐装」という中国服全体を表現する言葉がある。唐装、あるいは唐装という言い方には、旗袍と漢服の論争にあるような激しさはないものの、「漢族の伝統服」という意味では、旗袍と漢服の間に位置づけられるべきなのが唐装だと考えられる。漢族の伝統服に関する議論は現在だけに起きている問題ではない。民国期には旗袍、今日では漢服について議論があるが、唐装という概念は歴史的にみて両者の議論が起きた時期の中間に生じている。

唐装という言葉は昔からあったが、二〇〇一年十月に上海で開かれたＡＰＥＣ首脳会議で、各国首脳が着用した「中国の伝統服」を「唐装」と呼んでから注目されるようになり（図80）、その後、唐装ブームが起きた。[1] その意味で、ＡＰＥＣの唐装は「中国人の伝統服」に関する議論を呼び起こした火付け役ともいえるだろう。つまり、旗袍→唐装（ＡＰＥＣ）→漢服という順序で、中国人（とりわけ漢族）の「伝統服」や「民族服」に関する議論が起きてきたといえるだろう。

しかし、なぜAPECでは唐装が「中国の伝統服」になりえたのだろうか。

従来、APEC首脳会議では、開催国が自国の民族服や伝統服を各国の首脳たちに提供して着てもらうのがルールになっている。民族服や伝統服は開催国の歴史や文化の象徴として、国際会議を演出する役割を果たしている。

中国でAPECが開催される際には何を伝統服として採用するかが大きな話題になった。言うまでもなく、現代中国は多民族国家であり、漢族のものだけでなくさまざまな民族服がある。また、最大民族とされる漢族には民族服、伝統服はあるのかについての議論が続けられていて、中国の服飾学会でもいまだに定説がない。にもかかわらず、唐装が「中国の伝統服」として、APEC首脳会議で採用されたのである。

そもそも唐装とは何を意味するのか。『服飾辞典』によれば、唐装とは中国服やシナ服のことであり、人民服が登場する以前に中国民衆に愛用されたものだが、その「基本衣はない」のが特徴と説明されている。種類は主に、夏春用の「衫」、秋冬用の「袍」、前開きがない袋状のズボン、上着の「襖」、スカート、礼服用の「馬褂」、ベスト用の「背心」の六つだという[2]。

また、中国の服飾研究家の華梅によれば、唐装の特徴は前身頃、袖、衿、生地、模様、ボタンの六つの要素にあるという。すなわち、①前開き式や袷式の前身頃が付いている、②袖の形は身頃から続けて裁断されている、③衿は立て衿や改良した折り返し衿である、④素材は中国の伝統的な緞子や、花柄の藍染め生地からなるものである、⑤明・清時代によく使われていた花、龍、鳳凰などのモチーフを特徴とする、⑥首や前身頃に、清朝式の蝶々形や花形のボタンなどがついている、などである[3]。

実は、APEC開催の前は、各国首脳が何を着るのかについては秘密だったため、服の名称は公表されなかった。正式な名称がないなかで、メディアにはさまざまな呼び名が浮上した[4]。こうした混乱のなかで、唐装製作チームのスタッフは歴史資料を調べ、服飾専門家を訪ね、どのような名称を用いるかを検討していた。その結果、

「唐装」が最もふさわしいだろうと判断し、メディアに発表したのである。これがいかに曖昧な名称だったかは、この決め方からも読み取れる。

そもそも、唐装という語は意味も使われ方も時代とともに変化してきた。日常的に使われ始めたのは一九一九年の五四運動前後だった。主に広州や香港、マカオ、上海などの地域で、華僑によって使われていたが、七〇年代末から八〇年代のはじめになると、新たな意味で使われるようになったという。この時期に、従来の平面裁断法で作った「中式服装」（中国様式の服）を唐装と呼び、洋装のように立体裁断法も使って作った服を「中西式服装」（中国と西洋を融合した様式の服）と呼んで区別するようになった。服飾業界では、平面裁断か立体裁断かを問わず、古代から現代までの漢人（漢族）の「伝統服」をすべて「中式服装」と呼ぶようになった。[5]

ＡＰＥＣの唐装のデザインの原型は、清の時代の馬褂（図81）という騎馬民族の上着にさかのぼることができる。だが、唐装の製作者によると、馬褂のような伝統的なデザインは、着心地はいいのだが、見た目は美しくないという。洋装のような人体にフィットするデザインが美しいと彼らは考えていた。そこで、製作チームは馬褂のような平面裁断に西洋の立体裁断の技術を加え、体にフィットさせるような唐装を作り出した。伝統と西洋を融合したデザインこそがＡＰＥＣ唐装を流行させた理由だと製作チームはとらえているようである。

このＡＰＥＣの唐装は、「中西式服装」の作り方と似ていて、その点では一九八〇年代の「中式服装」に属しているといえる。ただし、八〇年代の「中式服装」にはさまざまな色の馬褂の模様はなかったが、ＡＰＥＣの唐装は、従来の衿やボタン以外に、カラフルな模様や色彩なども「伝統的」要素と見なしているようだ。

これらのことからもわかるように、唐装とはどういう服をさすのかがつかみにくいことや、ＡＰＥＣの唐装が突然現れた新しい形式の服であることがわかる。中国の「伝統服」と言いながら、西洋的な服飾技術をかなり取り入れていたこともわかる。製作チームが言う、唐装を流行させた「伝統と西洋を融合したデザイン」という特徴が、むしろ唐装が漢族の「伝統服」とはいえない理由だと指摘されている。中国には何千年もの歴史があるのに、数十年の歴史しかない服を「伝統服」や「民族服」と呼ぶのはふさわしくない、という批判である。

この批判は、孫文が考案した「中山服」にも、民国期に流行した旗袍にも当てはめることができる。なぜなら、中山服の原型は日本の学生服で、旗袍ももとは漢人の服ではなく、満洲人の服だったからである。しかも旗袍は西洋文化の影響を大いに受けたモダンファッションだから、何千年もの歴史を誇る中国の「伝統服」とはとうて

図81　唐装のデザインの原型である清の時代の馬褂
（出典：中国第二歴史檔案館編『老照片――服装時尚』（老照片系列図集）、江蘇美術出版社、1997年、44ページ）

いいえないことになる。

　数十年の歴史しかない服では何千年もの歴史をもつ中国を代表できない、という主張は確かに説得力がある。しかし、APECの際に唐装が採用されたのは、新たに考案されたこの服が「中国の伝統」を代表していると認められたからである。それにもかかわらず、唐装には「中国の伝統」と言えるほど重みがないことから、唐装を起用することに批判的な声があった。では、APECの唐装はなぜ「中国の伝統」と見なされたのだろうか。ここには、中国で「伝統」について考える場合に必ずからんでくる「正統」の問題も関係している。それについて、次に考えてみよう。

唐装からみた中国の「伝統」と「正統」

　APECの唐装を取り上げた日本のメディアでは、唐装は中国の伝統服や民族服と説明する報道が多かった。だが、はたしてそういえるのだろうか。筆者は二〇〇五年にAPECの唐装の製作チームに聞き取り調査をし、『新唐装』[6]（APECの唐装のデザインと裁断技術を紹介した本）を編集した人々からも話を聞いた。インタビューを通して、以下のようなことがわかった。
　APECの唐装は中国の「伝統的な要素」を取り入れていることは確かだが、製作者たちは「伝統」は常に更新しなければならないととらえていた。彼らは、現代に合わない「伝統」的な部分は改良し、いまの時代に合うようなデザインにするべきだと考えていた。唐装の製作は「伝統回帰」ではなく、「伝統更新」を目指していたというのが、彼らの主張である。
　その一方で、製作者たちは「普遍的に変わらない伝統」も重視している。たとえば、「中華民族」の数千年の歴史のなかで最も繁栄した唐王朝の歴史や文化を、今日まで受け継がれている「変わらない伝統」と見なしていた。[7]
　ここからわかるのは、中国の伝統とは複合的なものだと彼らが理解し、それがAPECの唐装に反映されたということである。この複合性は、いまの時代に合わない「伝統的」な平面裁断を改造して立体裁断を取り入れることで、現代ファッションに近づけようとしたことに表れている。つまり、時代に合わせて変化できること自体が中国の伝統の一つだという発想である。この発想がメディアに評価され、その結果、国民に唐装ブームが起きた。国外でも華僑や外国人の間で、唐装は中国の「伝統」服であると同時に、現代ファッションでもあると評価され、成功を収めたのである。

同時に、「普遍的に変わらない伝統」の部分も唐装には存在していた。現代にも適応できる「中国的要素」である。何かといえば、中国服の特徴とされる立て衿、結びボタン、模様などであり、これらが「伝統服」というイメージを人々に印象づけた。ＡＰＥＣ首脳会議で唐装が採用されたのも、この中国服の特徴が与えた外見的イメージによるところが大きいといえる。

このように、伝統の現代化と保守という一見矛盾する二つの側面はどちらも、「中国の伝統」が現代社会にも見事に適応していることを国内外にアピールするのに有効だった。ＡＰＥＣの唐装が成功したのは、このためだったということができるだろう。

北京教育学院の張習孔によれば、「伝統」を語ろうとすれば必然的に「民族」と歴史に言及することになるという。「民族」は血縁、言語、文字、生活習慣、共同利益などの要素によって構成され、それが歴史的変遷を通して形成されたものである。つまり、「伝統」文化とはかつての「民族」文化なのである。(8)「民族文化」に根ざしていることこそが「伝統文化」の条件だというのが、中国の伝統観である。それを支えるのが「正統性」であり、時代によって政治権力が変わろうと、それとかかわりなく民衆の一般的感情に根ざしたものとされる。具体的には、先祖代々住んできた土地に対する感情や民族の長い歴史を自身の文化的背景として誇りに感じることなどが、「正統性」を支える感情だといえるだろう。ＡＰＥＣの唐装は、唐王朝の文化という「中国的伝統」を利用することで、その「正統性」を主張することができた。ここからわかるのは、中国では「伝統」には「正統性」が伴っていることが重要だということである。

この中国的な伝統観は、ホブズボウムとレンジャーが主張した「創られた伝統」論では解釈しがたい。つまり、彼らが用いた西洋モデルは中国には必ずしも当てはまらない。[9]「創られた伝統」の場合、歴史や生活とかかわりなく、政治権力やそれに連なる諸主体が容易に作り上げるものかのようなイメージがある。しかし、中国でいう「伝統」は、何を伝統と見なすかという点では取捨選択があるにせよ、そう簡単に作れるものではない。それは長い歴史のなかで築き上げられた「正統」の要素に影響され、しかもそれ自体単一のものではなく、複数の「正統」、多様な「正統」なのである。

これらの「正統」は、ときには唐代、ときには明朝、ときには清王朝というように時代ごとに認定しうる個別の「正統」だった。しかし、同時に、「中華民族」という、時代を超えた超越的な「正統」もある。このような超越的な「正統」は、先にあげた張習孔がいう「時の政治や権力に関わりなく民衆の一般的な感情に根ざしている」ものということになる。

「正統」は、古典、道徳的・実践的英知、宗族のしきたり、詩歌などにも含まれるものであると同時に、それぞれの時代の価値観を反映する。それを維持するためには、古い「伝統」のなかにある現代に合わない部分を変えなくてはならないと考えられる。つまり、中国服で言えば、古き「伝統」が強調されると同時に、いまの時代に合うように「伝統」を変えるべきだと主張するのである。それによってはじめて、「伝統」は過去と現在という境界を超えた「正統」としての意義を担うことになる。

このような中国的「伝統」と「正統」を軸として考えると、旗袍と唐装の関連性については二つの考え方があると思われる。一つは、旗袍を唐装の一部と見なす考え方である。もう一つは、旗袍はそれ自体で独立した服飾概念であって、唐装の概念には含まれないという考え方である。両者の違いは何だろうか。

まず、前者の場合、唐装という概念はあくまでも総称であって、旗袍はその一部にすぎないという考え方からは、時代を超えて連綿たる超越性をもつ中国的「正統性」の存在が考えられる。

中国でいう「伝統」とは、長い歴史のなかで積み重ねてきたものであって、ときには「正統」と同一視されることもある。こうした「正統的伝統」の特徴の一つに「兼容併包」（多くの事柄を包括し包容する）をあげることができる。ここでいう包容力とは強い同化力と融和力である。さまざまな外来文化、たとえばインド仏教などは、中国の文化と接したことでかなり「中国化」されてしまったが、こうした例は枚挙にいとまがない。

満洲人の民族衣装にルーツをもつ旗袍も、満洲という個別の「伝統」から、「中華民族」という超越な「正統」へと回収されていくなかで、旗女の伝統旗袍からモダンガールの海派旗袍へ、さらに現代中国女性の「伝統服」としての旗袍へと変わっていった。つまり、総括的な概念である「唐装」には一定の「正統性」があり、旗袍はその「唐装」に属する具体的実体の一つとみることができる、ということになる。

では、後者の旗袍を独立した服飾ととらえ、唐装には含まれないとみる考えはどうだろう。この場合の「伝統」の意味は、超越性をもった「正統性」というよりも、清王朝の満洲族や漢族の女子学生、モダンガールといったキーワードに隠された「個別的」な時代と集団に根ざした「正統性」を意味する。つまり、時代に合わない古い伝統の部分を取り除き、取捨選択したうえで、現代に合う要素からなる「伝統」を受け継ぐことになるわけだ。

たとえば、纏足や束胸の風習を古い伝統として廃棄してハイヒールに合った、ボディーラインを強調したモダンファッションの旗袍へと変化したことからもわかるように、中国では伝統の創造とは、そのときそのときの「正統」の考えに従い、時代に合わない古い「伝統」の要素を取り除き、時代に適合した「伝統」を受け継ぐことだと考えられているのである。

そうした取捨選択は、異文化を吸収していく力としても理解できる。その意味で中国の「伝統」とは、もともと可変的であり、その可変性を保証するのが「正統」の概念なのである。曖昧に位置づけられた「伝統」が「正統」という概念によって確かな存在になると考えられるのである。

ＡＰＥＣ首脳会議で唐装が登場してから、中国では「伝統服」に関する議論が巻き起こった。日本をはじめとする海外のメディアで報道された唐装のイメージと違って、製作チームからの聞き取りでは、唐装は市場経済の戦略に基づいて作られた商品に近いものという印象を抱いた。

しかし、唐装をめぐる状況は、現代中国の複雑な社会構造を示す一つの事例にすぎない。最近、「漢服」と呼ばれる中国の古典的な要素を取り入れた「伝統服」が若者間で人気になっている。この「漢服」とは何か、いつ現れたのか、なぜ注目されるようになったのかについて、次に論じたい。さらに、漢服と旗袍はどちらが中国の伝統服なのかという論争を通して、「伝統服」と「民族服」とは何かについて考えたい。

2——漢服が「伝統服」なのか

漢服の登場と「漢服運動」

二〇〇〇年代に入ってから、街に漢服を着た若者（図82）が増え、中国の伝統行事やイベントでも漢服姿の人々の様子がたびたび報道されている（図83）。メディアで取り上げられたり、著名人が支持したりしたこともあって、「漢服運動」と呼ばれる社会現象はたちまち広く知られるようになった。現在では中国各地に、漢服の愛好団体からなるSNS（ソーシャル・ネットワーキング・サービス）のサイトが多数存在する。[10]

「漢服」とは何なのかについて、ウェブサイト「人民網日本語版」（Chinanews.com）は、以下のように説明している。

「日本人にとって中国の伝統的な民族衣装として、まず思い浮かべるのは旗袍（チャイナドレス）かもしれない。しかしチャイナドレスはもともとは満洲貴族の衣装「旗装」から改良し、一九二〇年代ごろから洋服の製法を吸収して定着した民族衣装。一方の「漢服」は「漢民族伝統服飾」の略。つまり、「漢民族が着ていた服＝漢服」ということになり、時代ごとにそのデザインが大きく異なる。（略）SNSやショート動画アプリなど「自分を見せる」ツールもバラエティに富んでいることから、体験内容もますます深化している。同時に、数年前から始

図82　北京の中心街で見かけた漢服姿の若者（2019年5月3日。劉育紅撮影）

まった学校教育における国学の重視や、国を挙げての伝統工芸や伝統文化の発揚もまた「漢服ブーム」を支える下地になっていると言えよう(11)」（図84）

これを読むかぎりでは、ナショナリズム的なニュアンスは感じられず、SNS上のコスプレに近い現象のようにも受け取れる。辞書には「漢服」という語はないので、確立した定義も見当たらず、非常に曖昧である。

房嬡によると、現代の「漢服」には、二つの意味があるという。一つは漢族の「伝統的服飾」という意味で、もう一つは、「漢代」という特定の時代の服飾をさすという(12)。また、「漢服」の概念を広義と狭義に区別して論じている論考もみられる。広義の概念は、中国の歴史神話にある「三皇五帝」から明朝漢族の伝統服までの総称である。狭義の概念は、漢代の「華夏民族」（漢族）の民族服をさすものである(13)。

愛知大学国際中国研究センターの周星によると、漢服には三つの意味があるという。第一に、中国の漢代の服装のこと、第二に、「華夏」子孫の漢族の「民族服」のこと、第三に、漢族の服であると同時に「華服」（中華の服）、または中国人の「民族服」であるという意味だ(14)。

そのほかに、「漢服とは、漢民族の伝統服であり、漢民族の形成とともに形成され、漢民族の発展とともに発展した服である。漢民族文明の象徴であり、民族イメージの文柱である(15)」とも定義づけられている。

中国最大の検索サイトである「百度」（Baidu／バイドゥ）で「漢服」について調べると、漢服は別名「漢衣冠」「華夏衣冠」「漢装」「華服」とも呼ばれ、漢族の伝統的民族服飾の略称だという説明が表示される。[16]

これらの定義によれば、かつて漢人が着ていた旗袍や馬褂（唐装の原型）は漢服とは呼ばない。なぜなら、これらの服は、「本当」の漢服との「正常な」つながりをもたないからだ。満洲人支配の清朝で、漢人の服の着用が禁止された結果として、満洲人の服を着るようになったのであって、自然に服装が変化したわけではない、つまり「非正常」な変化なのである。そのため、満洲人支配の清朝に由来する服飾形態は「漢服」に含まれないということになる。

感知过往奋斗历程　展望未来创新前景

今天，申城120万中小学生上学堂

本报讯（记者 陆梓华）上海120万中小学生，今天迎来新学期。今年恰逢改革开放40周年，开学第一课，不少学校不约而同带领学生回眸四十年，感知过往奋斗历程，展望未来创新前景。

在卢湾中学，同学们带来了自己在暑期绘制的“改革开放主题手账”，大家通过摄影、绘画等方式，寄托了对祖国的千言万语。开学典礼上，主持人从一张粮票开始，带领着同学们共同追溯了改革开放40年来祖国的变革。“我眼中的改革开放”TED演讲中，同学们有的结合国家和城市的发展表达自己的自豪感；有的结合生活的变化，和大家畅聊自己的感受；更有的同学采访了家里的亲戚朋友，挖掘改革开放的故事，并分享了自己的思考。

在普陀区，中小学生围绕“一带一路”设计了30条“研学河流”，小学以“环河花开，乐游河湾”为主题，初、高中以“赞咏开放，行走中国”为主题，通过线上线下研学相结合的方式，挖掘市、区乃至全国40年来改革发展的轨迹和故事。

在立达中学，不同年级的同学们惊喜地收到了不同颜色的校徽。预备年级为新绿色，象征着稚嫩的小苗；初一为粉蓝色，预示着逐渐成长；初二为金黄色，代表正在生长的果实；初三为浅紫色，代表即将成熟的果实。校长盛雅萍说，待到毕业时，学校还将给每位学生颁发第五枚校徽，颜色是桃红，与老师的校徽颜色一样，意味着“桃李满天下”。

今天恰逢抗日战争胜利纪念日，嘉定区德富路小学每一名进校学生都收到了一张“新学期奋斗卡”，学校以“学习英雄事迹 传承红色基因”为主题，引导学生做新时代的好少年。

新学期，本市也将新增90所中小学校及幼儿园。作为本市在基础教育领域拓展艺术教育的新举措，沪上首所以戏剧教育为特色的九年一贯制学校——上海戏剧学院附属静安学校今天上午揭牌。华东师范大学基础教育集团新学期也再度扩容，华东师范大学附属进华中学今天也迎来了首批新生。

■ 杨浦区上音实验学校240名一年级新生今天身穿红色汉服，迎来不同寻常的入学第一课——开笔礼，老师为小学新生点朱砂启智。“开笔礼”是我国古代的一种启蒙教育形式，被称为人生四大礼之一。充满仪式感的“开笔礼”，在孩子们心中播下了传统文化的种子　本报记者 刘歆 郜宁 摄影报道

図83　入学式の漢服
（出典：「今天、申城120万中小学生上学堂」「新民晩報」2018年9月3日付）

したがって、「漢服」を支持し「国服」にしたいと考えている人々にとっては、満洲人にルーツをもつ旗袍は国服にふさわしくない。なぜなら、彼らにとって、「国服」とは、中国の文化、歴史、しきたり、芸術、風俗などを表すものであり、「漢服」こそが中華民族の文明を総合的に示すことができる服飾だと感じているからである。[17] 旗袍はこうした長い歴史や文化全体を代表することはできないと、漢服支持者は考えている。

漢服をたたえて国服にしようとする議論には、反対意見もある。たとえば、陝西省服飾協会秘書長であり西安工程大学芸術工程学院院長の馬冬は、次のように述べている。「漢服を単純に漢王朝の服とす

そもそも
「漢服」ってなぁに？
漢民族が着ていた服＝漢服
日本人にとって
中国の伝統的な民族衣装として
イメージしがちなチャイナドレス
（旗袍）は実は満州族の
民族衣装を基にしているため、
これは「漢服」ではないのじゃ。
曲裾深衣
秦代～漢代の漢服
斉胸襦裙
隋～唐代の漢服
道袍
明代の漢服
旗袍
旗袍（チャイナドレス）
満州貴族の衣装「旗装」から改良
交領襦裙
宋代の漢服
明制襖裙
明代の漢服
人民网
j.people.cn
©TOSHIE

図84　そもそも、「漢服」ってなぁに？
（出典：玄番登史江「［イラストで知ろう！イマドキ中国］じわじわきてる「漢服」」「人民網日本語版」2019年5月23日〔http://j.people.com.cn/n3/2019/0523/c206603-9580908.html〕［2020年4月18日アクセス］）

るのは明らかに間違いだ。また、漢服は漢人の服だが、明朝の時代に消失したといい、清朝の服を漢服に含むことはできないとみるのも間違いだ。清朝の服は、平民から皇族に至るまで、明朝の服飾伝統を継承・融合したものであり、漢服は中国古代から継承されてきた民族服飾である」。さらに、現在の漢服に統一した基準がない理由について、「歴史がわかる専門家は服飾がわからず、服飾がわかる専門家は歴史がわからない」からだと説明している。学会には「漢服」について統一した認識がなく、「漢服とは何か」という問題についての検討が足りない[18]、とも批評している。

このように、「漢服」という概念は学術的見地から生まれたものではないが、学者からもある程度の支持は得ていた。周星によると、漢服運動には最初から二つの側面がある。一つは国内を意識したもので、多民族国家にあって「漢族の民族服が空白の状態にある」ことを問題視して生じた面がある。二つ目は、国際社会を意識したもので、中国人のイメージに対する焦りからきている面がある[19]。

漢服運動は、ナショナリズム的な側面もあるが、社会のなかから自然に現れた現象であって、国家も知識人も関わっていなかった。漢服が最初に大衆の目に留まったのは二〇〇二年である。四川省連雲港市の高校教師の李光偉が自身の漢服姿で古琴を演奏する写真をネットで公開してから、注目されるようになった。しかし、最も有名なのは、〇三年十一月二十二日に、鄭州市の王楽天（ネット名：壮志凌雲）が自作の漢服を着て街を歩いたことである。[20]これが漢服運動の始まりになって、「最初に漢服を着た人」は王だという「伝説」が作られた。

「漢服運動」を担っているのは、主に三十歳以下の「漢服」愛好者たちだ（図85）。「漢服」の愛好者が運営するネットサイトには、多くの「網民」（ネットユーザー）が集まる。「漢服」の着用者は、学生、会社員、公務員、女優、学者などさまざまである。[21]こうした「漢服運動」を支えている若者たちは、相手の本当の名前を知らなくても、互いに「網友」や「網民」として交流できる。匿名でも発言できるというネットの特性から、過激で暴力的な論調もみられる。「漢服」推進派のなかには極端な民族主義的な考え方を示す者もいる。たとえば、漢族文化が中国の正統であり、満洲人政権の清朝は漢族文化を伝承していないため「正統」ではなく、唐装も「国服」にはならないといった主張が目につく。冷静な議論もあるが、根拠もなく主張を繰り返す者もいる。

漢服運動が高まっている理由としては、国力上昇によって中国の「伝統文化」を再認識する機運が高まってきたこと、中国の「伝統文化」を具体的に目に見える形にするうえで便利であること、SNSで急速に知られるようになったことの三つが考えられる。

漢服の愛好者には四つのタイプがある。一つ目は「考据派」といい、漢服の服飾制度を考証する人々である。二つ目は「改良派」といい、漢服を革新し、現代社会に取り込もうとする

図85　漢服の愛好者たち
（出典：「China Watch」2018年4月26日号、共同通信社国際資料室）

図86　階級制を表す漢服
（出典：「漢服愛好家たち、漢民族伝統行事の「花朝節」祝う」「人民網日本語版」2017年03月13日〔http://japan.visitbeijing.com.cn/a1/a-XCVZBLD1379CAF00A6C4DD〕［2020年3月17日アクセス］）

人々である。三つ目は「視覚派」といい、漢服の美的価値を追求する人々である。四つ目は「過激派」といい、ネット上で極端な主張や暴言を吐く人々だが、全体のなかでは少数派である(22)。

漢服はたびたびメディアに取り上げられて愛好者も多いが、「漢服運動」は商業活動だと批判する者もいる。現状では若者の間のブームにとどまり、一般的には広まっていない。なぜ、漢服は民国期の旗袍のようには全国的な大流行が起こらないのだろうか。理由は三つが考えられる。

一つ目は、日常着としての復活を目指しているからだ。ゆったりとしたデザインは、現代の生活には適していない。古代の祭祀儀礼などの際に着ていた服だから、動きにくく、日常着としては実用性に乏しい。また、階級を示す特徴が多いのも、現代的ではない。図86は衣装の特徴から、中央にいる女性は身分が高い人で、周りにいる女性は下女などの身分の低い人であることがわかる。このように身分や階級制を区別する漢服は、現代の社会制度（建前ではあっても「平等な社会主義」）に適応できるだろうか。また、ゆったりとした漢服を仕立てるには大量の布が必要で、普通の服の三、四倍も布を使ってコストがかかるので、当然価格も高くなる。

二つ目は、国民の多くは漢服を着ようとは考えていないからである。漢服は確かに美しいが、自分で着る勇気がないのだ。一部の愛好者を除いて、多くの国民にとって漢服はある種の「奇装異服」のように映る。実際に、大学生、若い会社員、海外留学生などが漢服復興の中心的な存在だったが、一般市民はあまり興味がなく、趣味の一種のようにしか見えなかったのである。

三つ目は、漢服の市場は大きくないからである。二十一世紀の中国は経済発展をするにつれて、物質文化から精神文化へと求めるものが変わってきた。「漢服運動」もこうした社会状況のなかで現れた現象で、漢服には確かに精神的な部分（伝統文化や歴史など）が多く含まれているが、日常生活に「欠かせないもの」とはいえない。[23]

これらの理由で、若者に流行している漢服は、一つの社会的現象ではあるが、民国期の旗袍のようには全国に広まっているわけではない。漢服運動に対しても、賛否両論が起きている。しかし、漢服の価値を提唱する人々は、自分たちの漢服こそが中国の「正統」な伝統を受け継いでいるのに、旗袍と唐装はその「伝統」を継承していないと主張している。そこで次に、中国の「国服」の問題について考えてみることにしよう。旗袍、唐装、漢服のうちのどの服が「国服」になりうるのか、また、その理由は何かを考察する。

旗袍・唐装・漢服の論争

改革開放期を経て中国経済が著しく発展を遂げ、国力の増加に伴う国民の自意識や自尊心も高まってきたことが、民族服をめぐる議論の背景にある。中国には漢民族のほかに五十六の少数民族があり、それぞれが「民族服」をもっているのに、なぜ圧倒的に多数を占める漢族だけが「民族服」がないのかという疑問が生じるようになった。近年、全人代（全国人民代表大会）の代表や政治協商会議の委員、また服飾専門家の間から、唐装と漢服を中国の「国服」に定めてほしいという要望書が政府に提出されるようになった。その提案の背後にあるのが、長い歴史を有するにもかかわらず、中国には国を代表するような服がないという問題意識である。

実は一九二〇年代末、中華民国政府が「中山服」と「旗袍」を礼服として定めていたため、これらを中国の「国服」として見なしていた時期もあった。しかし、これについては、中山服も旗袍も西洋服と満洲女性の袍服から転換したものであって漢族の服ではないので、中国を代表する服として扱うのはふさわしくないと主張する人々がいる。こうして、「国服」を確立することは国家の重要な任務だという考え方が、国民の前に示されたのだ。

そもそも「民族服」と「国服」はそれぞれ異なる概念である。漢族の「民族服」は「漢族」という集団を象徴する服であり、「国服」は中国、すなわち今日言うところの「中華民族」全体を代表する服である。漢族の服を国服にするならば、ほかの五十六の少数民族の民族服はどう扱うのだろうか。漢族以外の少数民族は国民ではないのかという疑問が生じるだろう。

だが、中国は漢族を中心とした社会なので、「漢族の服」イコール「中国の服」だと思う者が多いのも事実だ。こうした見方は学術論文や新聞記事にも多くみられる。たとえば、「漢族は五千年に及ぶ文明の歴史をもち、世界では数少ない、文明が中断していない古い民族の一つである」といった言説である。これは漢族の歴史を「中華」の歴史と同一視し、それが連綿と受け継がれてきたという見方を前提にしているが、それに対する、批判や疑問はあまりみられない。

そもそも「国服」は、どのような要素を必要とするのだろうか。上海東華大学の包銘新は「国服」について、次のように提案している。中国の「国服」とは、国民が正式な場で自分の身分（出身国）を表明する服であり、その点で次の三つの条件が必要とされる。第一に、中国の特色をもつこと。第二に、中国人の国籍と身分を表すことができること。第三に、TPOに合わせることができるということである。また、中国美術学院の鄭正欣は、大衆が文化的に共鳴できるように、国家と民族の核心を「国服」に託すべきだと述べている。清華大学美術学院の袁杰英は、現代の「国服」は、過去の伝統そのままではなく、世界の流行を考慮しながら、国際性と民族的個性とを完璧に結合する必要があると述べている。(24)

では、こうした「国服」の要素にふさわしい服とは何なのだろうか。旗袍、唐装、漢服は、この「国服」になりうるのか。

まず、旗袍について検討してみよう。

旗袍は文化大革命で否定されたが、制服旗袍として再び姿を現した。この制服旗袍は一九八〇年代から九〇年代にかけて、レストランやカラオケなどの娯楽場でウエートレスが身に着けることで、客寄せの道具として使われるようになった。旗袍は中国の伝統文化を継承した服として利用され、商品経済のなかで役割を果たすようになった。

ところが、これらの制服旗袍は、デザインが似たり寄ったりで、縫製が乱雑なうえに化学繊維の素材が多くみられた。カラフルな色彩とヒップの近くまで入った深いスリットのせいで、娯楽場以外ではとても着られるものではなかったため、一般の女性はかえって旗袍から遠ざかってしまった。

変化が起きたのは一九九七年の香港返還だった。この年を機に、旗袍を販売する専門店が増え、海外でも中国国内でも旗袍姿の女性が急増した。この旗袍ブームは二十一世紀のはじめごろまで続いた。イギリスによる百年に及ぶ植民地支配にようやく終止符が打たれ、香港が中国本土に返還されたことをきっかけとして起こった旗袍ブームは、ナショナリズムが巻き起こした現象の一つといえる。それに拍車をかけたのは二〇〇〇年に公開されたウォン・カーウァイ監督の恋愛映画『花様年華』（英語題：In the Mood for Love）（図87）だった。おそらく、日本でもこの映画を見て旗袍ファンになった人は多いだろう。

図87　『花様年華』カバー
（出典：DVD『花様年華』松竹ホームビデオ、2001年）

図88　海派旗袍のファッションショー
（出典：「回味上海百年文化」「新民晩報」2018年5月7日付）

旗袍は、民国期のモダンファッションという性格を残しながら、中国の「伝統」を表す服という特徴も持ち合わせていた。その「伝統」は、文化大革命でいったん否定されたが、改革開放期に経済活動活性化のために復活・再利用されるようになり、ナショナリズム的な要素も加わって、香港返還とともに、注目されるようになった。旗袍は「中国」や中国女性のシンボルになったが、それに反対する声はあまりなかった。しかし、唐装ブームのあとの「国服」議論のなかでは、旗袍に対する評価は徐々に割れていった。旗袍の長所と短所についてどんな議論があったのか、論者に従ってみてみよう。

上海戯劇学院の江玲君は、旗袍は中国女性の国服であるという立場から、次のように論じている。旗袍は中国古代の漢族の「伝統服」が変遷を経て、女真や満洲の女性から新しい要素を加えられ、改進と革新のプロセスを通して徐々に定着した服である。旗袍は全国に広がり、一世紀以上にわたり、どの社会階層の女性にも受け入れやすい服になっていった。旗袍は、現代の女性たちにも好まれ、「国服」としての十分な基準を満たしている。しかし、欠点もある。それは名称だ。旗袍という名称には旗人の袍服という意味が込められているので、何千年もの歴史をもつ中華の服飾文化にはふさわしくない。この点に関し、台湾の学者・王宇清は、民国期の旗袍を「祺袍」へと改名しようと提案している[25]。

一方、旗袍を中国女性の「国服」（礼服）とするのに反対の立場からは以下のような意見もみられる。長い間、旗袍は中国女性にとって好ましい服として優位な地位を築いてきた。デザインは東洋女性の身体の特徴に合っているし、シルクなどの素材も東洋が産地であるため、国際社会では「中国の代表的な服」として知られている。しかし、旗袍は、真の意味では中国の「伝統服」ではない。旗袍は中山服と同じで、中国と西洋の技術が融合した産物であり、「中華文化」の沈殿（輝かしい文明の蓄積）に欠けている。このため、旗袍を中国女性の礼服と呼ぶのには考慮の余地が大いにあるという意見である[26]。

賛成か反対かだけではなく、次のような折衷案もみられる。漢族を代表する「伝統服」でないとしても、旗袍

一套旗袍“绣”出上海四大品牌前世今生

镶滚镂雕织霓裳
海派风韵秀时尚

上海服务

上海制造

上海购物

上海文化

図89　旗袍の老舗が新装開店すると報じた記事
（出典：「鑲滾鏤雕織霓裳、海派風韻秀時尚」「新民晩報」2018年8月22日付）

80岁老字号“龙凤旗袍”让传统技艺重焕光彩
一针一线匠心　一剪一裁风韵

図90　旗袍職人が無形文化遺産リストに登録された
（出典：「一針一線蘊匠心、一剪一裁顕風韻」「新民晩報」2017年1月20日付）

のほうが漢服よりも人々の記憶に深く刻まれているのだから、その歴史に逆らうことはできない。それに、満洲族も中国五十六民族に含まれるのだから「中華民族」の成員でもある。旗人が起源だという点も、中国の長い歴史の一ページにすぎないのだから、こだわる必要はないというとらえ方である。(27)

実際、伝統的服飾としての旗袍をたたえる報道や職人・技術を紹介する記事、民国旗袍の展覧会など、旗袍関連の催しや言説は、数多くみられる。たとえば、「回味上海百年文化」（図88）という記事は、上海の歴史ある建築物で海派旗袍のファッションショーがおこなわれたことを報じているが、そのなかで上海は海派文化の発祥地としてだけではなく、江南文化を代表する都市とみられている。この文脈で旗袍は「上海文化」を象徴するものとして描かれているといえる。(28)

また、八十年の歴史をもつ旗袍の老舗（龍鳳旗袍店）の新装開店が記事として報じられている（図89）ことからも、旗袍が中国独自の女性服として、一般大衆から注目されるようになったことを示している。だが、ファッションショーや展示会は確かに盛んだが、日常生活では旗袍はあまり見られない。旗袍は上海文化の象徴であり、国際文化交流のツールだが、いまのところそれだけで機能しているようである。

旗袍を日常生活のなかに取り戻すには、素材の創新や時代に合った裁断技術の改革など、各方面からの努力が必要だと指摘する新聞記事もある。[29]

八十年の歴史をもつ「龍鳳旗袍」の職人が無形文化遺産リストに登録されたことを報じる記事には、若手を育成していることや、若者にも受け入れられる旗袍の創作を進めていることなども書いてある[30](図90)。

ＳＮＳをはじめとするネットでも旗袍に関する情報発信がたびたびみられる。二〇一九年五月には、中国民間文芸家協会と中国共産党瀋陽市委員会宣伝部が共同で主催した「第一回中国チャイナドレス文化祭・「盛京1636」第三回瀋陽国際チャイナドレス文化祭」が遼寧省瀋陽市で開催されたことを「人民網」が伝えている。

開幕式には、さまざまなパターンのチャイナドレス(旗袍)千二百着が登場した。満洲族の刺繡、蘇州刺繡、絵画、古詩・古詞といった中国の伝統文化がドレスに溶け込み、「身体にまとう中国」となって観客の前に次々と登場した(図91)。世界各国のモデルがランウエーに登場し、チャイナドレスがもつ独特の魅力を観客に披露した。静謐な美しさと華麗な色彩をたたえ、情熱と奔放さがほとばしるチャイナドレスの美は、服飾品の美であり、文化の美の表現である。観客はこれまでとはひと味違うチャイナドレスの魅力を味わうことができたと、記事は伝えている。[31]

このように旗袍は美しさの点では定評があるが「国服」と見なしていいかどうかは意見が定まらない。では、唐装を

図91　中国チャイナドレス文化祭
(出典：「第1回中国チャイナドレス文化祭が開幕 遼寧省瀋陽市」「人民網日本語版」2019年5月25日〔http://j.people.com.cn/n3/2019/0525/c94638-9581547.html〕［2020年3月17日アクセス］)

「国服」にすることについてはどうだろうか。

房媛は唐装を「国服」にすることには反対している。唐装の流行は上から下への指示によって生じたもので、唐装には本来政治的な使命が負わされている。また、商業とメディアに好かれる服だったため、瞬く間に全国に唐装旋風を巻き起こしたが、中国の礼服と考えていいかどうかについては疑問符を付けざるをえない。唐装も旗袍と同じように「国服」には不適切な服である。旗袍も唐装も、改良された中国「伝統服」であって、しかも、その原型は明・清時代である。中国五千年の服飾文化の歴史があるのに、最後の何百年間だけを代表とするべきではない。何百年も断絶していた中国の礼服だが、漢服こそが中国の礼服文化を継承し、これからも末永く発展を遂げるだろうというのが、房の主張である。(32)

旗袍と唐装の評価に共通するのが、何を「中式服装」(中国式の服)として認めるのかという問題である。「中式服装」という概念は、洋装との比較のなかで出てきたもので、たとえるなら「和服」と同じような概念である。

清朝崩壊後、「易服」という考え方が提唱された。従来の満洲人をイメージさせる「旗人の袍服」を着るのをやめようというもので、清朝の袍服に代わるものであればいいのだから、漢人の服でも、西洋の背広でもかまわなかった。むしろ西洋服のほうが「文明」の象徴として、モダンの服と見なされた。

民国政府が実施した服飾条例は、旗袍を女性の礼服や女性公務員の制服と定めていたことから、旗袍が制度上中国式礼服として大衆に認知されていた。また、男性の長袍と馬褂も西洋服と同じように男性の礼服とされていた。こうして民国政府の服飾条例が、近代中国の「中式服装」を生み出したといえる。

その後、女性の衣服として旗袍は黄金期を迎え、中国全土に広がっていったのに対し、男性の長袍と馬褂は二つに分かれて変化した。一つは、第1章第2節で述べたように、長袍が長衫になる変化だが、もう一つは、馬褂が中国式の短い上着になる変化だった。単衣と裏地がある長衫は、一九三〇年代から四〇年代の知識人の典型的装束になった。長袍と馬褂の組み合わせと比べると、長衫と馬褂のほうが体にフィットしている。また、長衫は西洋式のズボン、革靴、礼帽などとのコーディネートもできるので、中国式でありながら西洋モダンな雰囲気も醸し出す。この男性の長衫と馬褂の組み合わせと女性の旗袍は、近代中国社会では男女の礼服と見なされていた。[33]しかし、五〇年代以降、徐々に姿を消していき、その後、中国男性の服としては長い袍服は完全にすたれてしまい、短い上着のような服に取って代わられた。唐装の原型として参考にされたのはこの馬褂だった。

一九九〇年代、中国社会では服装を通して民族の自信や尊厳を図る文化的現象が顕著にみられるようになった。中式服装が復活し、長袍、男性の長衫、中山服のほかに、旗袍も再び服飾市場に出回るようになり、礼服として着られるようになった。また、かつて漢人女性が使っていた服のパーツや風習も復活し始めた。たとえば、女性が胸を縛る（束胸）ときに使う四角い布（肚兜《ドゥトォ》）、馬甲（ベスト、背子）、多種多様な短い中式衣服（襖、褂）などである。これらをベースに、二十一世紀になると中国のファッション界では「中式服装」を再構築する試みが再び始まった。これが、「新唐装」（ＡＰＥＣの唐装）の誕生である。

周星によると、新唐装のデザインや様式は、ほかの中式服装と比較して、はっきりと区別できる。新唐装という呼び名も、新しい中式服装を再構築するのにふさわしいものであって、中国人の民族服という意味に最も近い。生地や素材の面でも、錦織を用いて、明・清時代以来の大団花の文様を使うことで中国的な趣を表している。新唐装は、二十一世紀初めの重要な文化構築の実例である。新唐装は旗袍と同じように、中国的要素と西洋的要素をうまく融合して改良した新たな服として成功を収めた、と周は評価している。[34]

唐装流行の背後には次のような要因も考えられると周は主張している。同じ中式服装といっても、百年前の古い長袍・馬褂ではなく、人々は、民族的自信や誇りを唐装に託したので、そうした社会的心理がのちの大流行につながったというのである。[35]

だが、多民族国家である中国で、「国服」の実現ははたして可能なのだろうか。実のところ、「国服」に関わる問題は、服飾だけの問題ではない。「中国」と「中国人」をどう定義するかによるところが大きい。「国服」という表現自体に筆者は違和感を覚える。多民族国家ならば、多様な民族服をもつことが自然だろう。しかし、漢族だけ「民族服」がないことは、確かに問題がある。これはそもそも漢族と言われている人々がどう形成されてきたかという問題につながっている。

いまの中国社会では、「国服」というと「中華民族の服」ととらえられがちだ。漢族には「漢服」があってしかるべきだとは思うが、それが「中華民族の服」と等しいのかといえば疑問である。つまり、中華民族と漢族の関係こそが問題であり、混乱のもとなのである。

そもそも「中華民族」という考え方は、費孝通[36]が一九八八年の香港中文大学でのシンポジウムで発表した「中華民族的多元一体格局（構造）」論で初めて示したものである。この論によると、「中華民族」とは、数千年の歴史過程で形成され、最近百年の中国と西洋列強との対抗のなかで出現した「自覚した民族実体」として構想された民族概念である。多元的な起源をもち孤立分散した多くの民族が接触、混交、連結、融合すると同時に分裂・消長し、完全に融合しながらも個性をもった多元的統一体になったのが「中華民族」だと費は主張した。[37]

この「中華民族」論によると、もともと「漢族」と呼ばれる民族集団は、周囲の異民族を雪だるま式に吸収し、中原地域の「華夏」民族集団に組み込むことによってできたものである。「漢族」は、他民族を吸収すると同時に、周辺民族の集住地域に入り込んでネットワークを形成したが、それを基礎とした自然発生的な民族実体が民族の自覚を経て生まれたのが「中華民族」だったと説明している。[38]中国では、こうした大きな民族統合集団ともいうべきものも「中華民族」といい、少数民族など個々の集団をさすときも「民族」という同じ語を用いる。そのためもあってか、漢族と「中華民族」との区別がときに曖昧になりやすい。

日本の和服、韓国の韓服、インドのサリーのように、中国の人々は、わかりやすい「目印」がほしかったのだろう。しかし、和服は洋装に対して生まれた概念であり、韓服も「白衣の民族」からカラフルなチマ・チョゴリへと変わったことには日本統治下の政策が影響していた。サリーもインドの一部の地域の服飾スタイルが国民国家の成立とともにインド全土に広まったものである。また、ＡＰＥＣ首脳会議で主催国として初めて自国の民族衣装を各国首脳に着用してもらうことを提案したインドネシアでも、バティックという民族衣装はかつては王宮文化（プリヤイ）に属するものだったが、植民地支配の洗礼を受けて、大衆化して共和国の民族服になったのだ。

これらの「民族服」の成立をみると、どの国もある特定の時代だけに存在したものではなく、歴史の流れのなかで変化することで生まれてきたことがわかる。歴史は続いているのだから影響を受けて変化するのは当たり前であり、時代を限定する必要はないのだ。しかし、現在の中国ではこの点が忘れられがちだ。「中華民族」という歴史的にはまったく新しい「想像の共同体」にふさわしい「国服」を創造することは可能だろうか。そもそも、国民国家は近代になってから生まれたものであり、「国服」という概念もナショナリズム的な発想から現れたものだ。「近代の産物」をかつての漢代の文化に求めること自体に無理がある。たとえば、アメリカ人には決まった「民族服」や「国服」はあるのだろうか。国民意識と国家を誇る気持ちはどの国民よりも強いかもしれないが、それを示す「標識」は背広とジーンズぐらいだろう。

「国服」の議論の根底にある「国家」や「民族」といった要素は、近代以前の中国と西洋とでは異なる。そもそも、現在使われている「民族」という用語は、中国の古典文献にはなく、十九世紀末に中国に入ってきた外来語である。古代中国では、人々の集団を分類する際に「族」という用語を使っていた。たとえば、「族、族類、族種、種、種族、種衆、種類、種姓、種人、氏族、宗族、部族、邦族、国族、部落、附落、聚落、民、民戸、国人、土人、中華人、類種、部類[39]」などである。したがって、「族」という漢字の本来の意味は宗族をさす。そこから「同じ種族の人々の集合体」という拡大解釈が生まれたのだ[40]。

西洋社会で「民族」という概念が生み出されたのは、その必要があったからである。西洋の「国民国家」にとって、国民のもとになる文化的集合体としての「民族」という概念は、なくてはならないものだった。

しかし、古代中国には西洋的な「民族」概念は必要なかった。孟子が、「天下の本は国にあり。国の本は家にあり。家の本は身にあり」（人有恒言、皆曰天下国家。天下之本在国、国之本在家、家之本在身）と述べているように、中国では国家は家族や血縁にその基礎を求めてきた。清朝末になって社会的危機が起き、革命が叫ばれたとき、倒すべき対象（清朝＝満洲族）に対峙するために西洋の「民族」という概念を使ったが、本来は必要ないのである。近代中国の革命は、中国の伝統文化と西洋文化とを連動させることで展開した。しかしそれは西洋の

「一民族一国家」を意味するものではなかった。[41]

李晰の漢服研究によると、漢服は漢民族の伝統服だけでなく、中国服飾文化の重要な部分であり、中華民族の政治経済から審美文化までの総合的な表れだとされている。唐装の流行は、服自体の魅力ではなく、改革開放後、政治、軍事、経済などの側面で国際社会での中国の地位が上昇し、中国の伝統文化が世界各国から注目されるようになったことが本当の理由なのである。中国の国民の間で民族的なアイデンティティーが強くなり、民族的な誇りが強まったことの結果なのである。しかし、唐装がもつ文化的要素は、中華民族服飾発展史の一部にすぎず、中華民族全体を代表することはできないし、民族精神や対外宣伝用の民族形象の標識になることもできない。李はこの点について、国家の民族イメージの形成は、その民族の帰属意識や民族精神と深く関わっているので、「国服」の発展は、きわめて重要だと主張している。[42]

こうした議論では民族的帰属意識の意味は三つある。一つ目は、中国国内の各民族のアイデンティティーを意味し、エスニック・アイデンティティーとも呼ぶべきものである。二つ目は、諸民族を統合した全体的なアイデンティティーという意味である。三つ目は、中国国内外の華人が中国の歴史文化や中華文明に対してもつ文化的アイデンティティーを意味する。この三つのアイデンティティーは、重層的に現れることが多い。[43]

漢服運動の目標は、古代の服飾文化を現代に生かそうとすることにある。過去の文化的資源を利用して漢族と中国人の「民族服」を確立するために、漢服運動は唐装と旗袍を否定することで漢服の民族性を強調しようとする。

しかし現実には、唐装や旗袍を否定することで漢服の民族性の共有は混乱してしまう。漢服の概念、意味、定義、基準が定まっていないことは言うまでもないが、何より漢服を通して作られる「帰属意識」を共有すべき主体が曖昧であることに問題がある。「漢族」なのか、「中国人」なのか、ネット上にある多種多様な「漢服グループ」なのか、コスプレを楽しむサブカルチャー的な「若者集団」なのか、正体不明でわからないのだ。

どの国の民族服も歴史のなかでさまざまな影響を受けて成立してきた。「漢服運動」は唐装や旗袍を排斥することで漢服のアイデンティティーを強調しようとしているが、この方法ではどこに帰属意識の核があるのかが曖昧で、混乱するだけだろう。中国の「伝統服」や「民族服」に関する考えは変化し続けている。多民族国家には、多様な民族服があってしかるべきだ。繰り返すが、問題は、漢民族にだけ民族服がないことだ。この問題を考え続けることで、現代中国にとっての「伝統服」や「民族服」の意味はさらに鮮明になるだろう。

注

(1) たとえば、杭州にある絹織物工場は、それまで経営不振のため苦しんでいたが、APEC首脳会議後、毎日一万メートルの錦織を生産したにもかかわらず、市場の需要に対応できなかったという。杭州の中国絲綢城というファッションビルでは、唐装を扱う店は以前は小規模店数軒だけだったのが、APEC以後は五十軒に増加したという(「唐装背後的欠口有多大?」「上海時装報」二〇〇二年三月一日付)。

また、中国国内最大の錦織の産地である海寧市許巷鎮の中国軽紡村市場では、三カ月で一・六億元の商品を販売した。さらに、北京の唐装一条街では、唐装の店が六軒だったのが一カ月間で四百軒に増え、毎日唐装を五千枚販売した(同記事)。

唐装の生産と販売の上昇は、さまざまな文化イベントと呼応して、さらに勢いをみせた。たとえば、北京の長安商場では、二〇〇一年十二月二十八日から〇二年一月六日にかけて、「長安・唐装・SHOW之新年篇」というイベントがおこなわれた(「新年忙促銷 比拼拿絶招」「服装時報」二〇〇二年一月四日付)。北京の千百千時尚広場というショッピングセンターでも「唐装文化祭」が開催され、百以上の企業が参加して、これは国内で最大の唐装イベントだと報じている(「〃千百千〃 時尚広場新年打出 〃文化牌〃」「服装時報」二〇〇二年二月八日付)。

上海でもAPEC後、唐装は二〇〇二年の冬物商品の焦点になった。大手百貨店は唐装の展示会をおこない、なかでも時装公司という百貨店では、四階の全フロアで唐装がテーマの常設販売を開催した(「春節市場 繁栄時尚」「上海時装報」二〇〇二年二月二十二日付)。また、メインストリートの南京路では、全国の有名な唐装ブランドの展示会を催してメーカー側が消費者と直接話すというイベントもあったことも報じている（「唐装沙龍将亮相南京路」「上海時装報」二〇〇二年四月五日付）。

（2）前掲『服飾辞典』五一二ページ

（3）「中式装的称謂」「服装時報」二〇〇二年三月十五日付

（4）たとえばメディアでは、中式服装・中国伝統服装・唐服・唐装・中装・中国装・盛装・華服・中式対襟装・新版「馬褂」などの呼称がみられた一方で、民間ではAPEC服・APEC中装・中西式服・元首服などと呼んでいた（前掲「中式装的称謂」）。

（5）潘坤柔編著『中国新号型服装』北京出版社、一九八二年

（6）丁錫強『新唐装』上海科学技術出版社、二〇〇二年

（7）謝黎「現代中国における「伝統服」の受容に関する一考察――上海APEC会議の唐装を事例に」、東北芸術工科大学東北文化研究センター編「東北芸術工科大学東北文化研究センター研究紀要」第十三号、東北芸術工科大学東北文化研究センター、二〇一四年、一〇三―一〇四ページ

（8）張習孔「伝統文化与愛国主義」、中華書局編集部編『「中国伝統文化与21世紀」国際学術討論会論文集』所収、中華書局、二〇〇三年、二〇〇―二〇二ページ

（9）前掲『チャイナドレスをまとう女性たち』二〇三―二〇五ページ

（10）インターネット上で漢服愛好者が集う主なサイトとしては「漢民網」「漢網論伝」「興漢網」「天漢網」「百度漢網吧」「百度華夏吧」「漢末央」「漢文化論伝」「漢韻唐魂論伝」「九章撮影」「華夏先鋒」「中華民族服飾論伝」「清韻論伝」「華夏復興網」「華夏漢網」「長安漢服網」などがある（前掲「新唐装、漢服与漢服運動」一三二ページ）。

（11）玄番登史江「[イラストで知ろう！イマドキ中国]じわじわきてる「漢服」」「人民網日本語版」二〇一九年五月二十三日（http://j.people.com.cn/n3/2019/0523/c206603-9580908.html）［二〇二〇年四月十八日アクセス］

（12）房媛「漢服運動研究」陝西師範大学修士論文、二〇一二年、六ページ

（13）李春麗／朱峰／崔佩紅「基于亜文化視覚的青年〝漢服文化〟透視」「当代青年研究」第一期、総第三百三十四期、「当代青年研究」雑誌社、二〇一五年、四〇―四六ページ

(14) 周星「新唐装、漢服与漢服運動——二十一世紀初葉中国有関〝民族服装〞的新動態」「開放時代」第三期、「開放時代」雑誌社、二〇〇八年、一二五—一四〇ページ
(15) 李晰「漢服論」西安美術学院博士論文、二〇一〇年、一ページ
(16) 呼東方「漢服——漢中漢文化復興的新符号」「新西部 NEW WEST」七月上旬刊、新西部編集部、二〇一七年十七期、二六—二九ページ、崔晨濤「従実践訴求到終極構建——〝漢服運動〞表徴下的三種意識伝遞」「済寧学院学報」第三十七巻第五号、済寧学院、二〇一六年、九八ページ
(17) 前掲「漢服論」一ページ
(18) 前掲「漢服論」二八ページ
(19) 周星「実践、包容与開放的〝中式服装〞」下、「服装学報」第三巻第三期、江南大学、二〇一八年、二四八ページ
(20) 王楽天が「深衣」のような漢服を身に着けて街に現れたときは非常に注目され、三百六十年間失われていた漢族の「民族服」がよみがえったと興奮した人々がいた。シンガポールの新聞「聯合早報」は当時、「三百年あまり前に消滅した漢族服飾が、再び神州（中国）の街に現れ、国内外の華人に広く注目された」と報じた。これが「漢服復興」の始まりになった（譚鈺涵「関於漢服復興的幾点思考」「文史博覧（理論）」第十一期、文史博覧雑誌社理論部、二〇一六年、四三—四四ページ）。ネットでは、王楽天は清朝の「剪髪易服」以来の偉業を成し遂げたとたたえられた。
(21) 崔雯雯「与伝統和現代対話——漢服迷的在線文化実践研究」安徽大学修士論文、二〇一六年、二五ページ
(22) 前掲「基于亜文化視覚的青年〝漢服文化〞透視」
(23) 劉安然「漢服及漢服工作室発展的問題研究」「現代経済信息」二〇一七年二十一期、「現代経済信息」雑誌社、三三九ページ
(24) 前掲「漢服論」一五一ページ
(25) 前掲「長衫、旗袍、中山装」四六—五一ページ
(26) 前掲「漢服運動研究」二八ページ
(27) 前掲「長衫、旗袍、中山装」四七—四八ページ
(28) 「回味上海百年文化」「新民晩報」二〇一八年五月七日付

(29)「鑲滾鏤雕織霓裳、海派風韻秀時尚」『新民晩報』二〇一八年八月二十二日付
(30)「一針一線蘊匠心、一剪一裁顕風韻」『新民晩報』二〇一七年一月二十日付
(31)「第一回中国チャイナドレス文化祭が開幕 遼寧省瀋陽市」「人民網日本語版」二〇一九年五月二十五日(http://j.people.com.cn/n3/2019/0525/c94638-9581547.html)[二〇二〇年三月十七日アクセス]
(32) 前掲「漢服運動研究」二八―二九ページ
(33) 周星「実践、包容与開放的〝中式服装〟」上、「服装学報」第三巻第一期、江南大学、二〇一八年、六五ページ
(34) 周星「実践、包容与開放的〝中式服装〟」中、「服装学報」第三巻第二期、江南大学、二〇一八年、一四五ページ
(35) 同論文一四六ページ
(36) 費孝通は一九三〇年代から九〇年代まで活躍した社会学者、人類学者、民俗学者。中国の社会学と人類学の基礎を築いたことで知られる。一九八八年に発表された「中華民族多元一体構造」論は、現在の中国民族政策の基本路線になっている。
(37) 坂元ひろ子『中国民族主義の神話――人種・身体・ジェンダー』岩波書店、二〇〇四年、二二五ページ
(38) 教育部民族教育司/国家民委教育科技司編『民族政策常識』紅旗出版社、一九九九年、五―七ページ
(39) 韓康信/潘其風「古代中国人種成分研究」「考古学報」第二期、考古雑誌社、一九八四年、二四五―二六三ページ
(40) 張海洋『中国的多元文化与中国人的認同』民族出版社、二〇〇六年、二四ページ
(41) 同書二八―二九ページ
(42) 前掲「漢服論」一四八―一四九ページ
(43) 前掲『中国的多元文化与中国人的認同』一ページ

【コラム】　苗族女性の旗袍

中国貴州省に暮らす少数民族の苗族の女性たちが祭りでセクシーな旗袍を身にまとっていたことを知ったときは驚いた。北京服装学院民族博物館の劉育紅によると、二〇一八年七月におこなわれた苗族の祭りで、女性たちが旗袍を着ていたという（図92）。祭りの様子がＳＮＳに投稿されると、それを見た人々がみんな驚いたという。民族独自の衣装があることで有名な苗族が、なぜ自分たちの民族衣装を着ないで、旗袍を着ているのだろうか。

二〇一九年夏、貴州省台江県施洞鎮芳寨村五組に行き、旗袍を着た苗族の女性たちに聞き取り調査をした。貴州省台江県凱里市施洞という苗族が暮らす地域には、龍舟節という祭りがある。この祭りに伴って賽龍舟（ドラゴンレース）という行事もある。

図92　苗族女性の旗袍姿（劉育紅撮影）

龍舟節の起源については、「九宝三龍」という伝説がある。「「九宝」という人が息子と一緒に釣りにいったとき、息子が川に落ち、龍に食べられてしまった。九宝が怒って、大きな刀で龍を十二の塊に切り刻んで殺したので、川沿いにある十二の村はその塊をそれぞれもらった」という伝説である。龍頭をもらったのは塘龍という村で、龍の尻尾は清江という村にあるといわれている。筆者が訪れた芳寨という村は、肉

図93　龍舟節に参加した旗袍姿の苗族女性たち（劉育紅撮影）

の一部をもらったと伝えられている。龍舟節はこの伝説に沿っておこなわれる祭りだと考えられている。

龍舟節は九宝に切られた十二塊の龍にちなんで、十二組の龍舟が競い合うのが定番である。女性、とくに妊婦は舟に乗ることが許されないという。

苗族の既婚女性たちが、ドラゴンレースの男性を迎えることを「姑媽接龍舟」という。旗袍姿の女性たちは「姑媽」（父方の姉妹）である。新しい舟の進水式がおこなわれる時期はまちまちだった。たとえば、水漏れが起こったときや、もう使えなくなったときに新しい舟を作ることを決めるが、その後、新しい舟ができた祝儀として家族ごとに三百元から四百元を集金し、四日間かけて儀式をおこなう。

龍舟を迎えるときに、父方の姉妹が母方の兄弟を迎えるという儀式がある。それぞれの集落では、全員から資金を集めて牛などの犠牲として供える動物を用意し、行事の場所にもってくる。金や牛が多ければ多いほど村人の「面子《メンツ》」が立つとされる。

かつては賽龍舟では苗族の民族服を着ていた。これらの民族服は硬くて皺がないものほど美しいとされ、軟らかいものは古い服と見なされ、それを着る者は怠け者だと見下されたという。

しかし、最近三年間は、従来の苗族の衣装を着る人が減ってきて、旗袍姿の女性が多くなったという。龍舟を新調した村では、二〇一七年に芳寨村、一八年に平兆下寨（図93）、一九年に老屯でドラゴンレースの儀式がおこなわれた。

図94　同じ旗袍を身にまとう苗族の女性たち（筆者撮影）

なぜ苗族の女性は旗袍を着るようになったのだろうか。現地での調査を通して、いくつか共通する理由がみえてきた。一つの理由は、一人で着るよりも全員で着たほうが美しくみえるからだという。もう一つは、全員で同じ旗袍を着るのが最もいいことだと考えられているからだった（図94）。

図94でわかるように、旗袍の色も刺繍模様も全員同じである。しかし、苗族の支系によって、髪形が違うことがわかる。彼女たちにとって、自分の「民族的」身分を表すのは髪形であり、同じ支系の女性たちは同じ髪形をしている。髪形が違えば、同じ旗袍を着ても、どこの出身なのか、第三者がみてもわかるのだと、女性たちは言った。

ある村（百子坪）の苗族の女性・張元珍にインタビューしたところ、二〇一九年八月に、舅媽（母方の男兄弟の妻）が姑媽（父方の姉妹）を迎えるときにバーベキューパーティーをしたが、そのとき、二、三十人ぐらいの舅媽たちがみんなインターネットで購入した青い旗袍を着ていたという。

普段の行事として舅媽が姑媽を迎えるときには、舅媽全員が旗袍を着るルールになっている。姑媽はどんな服でもかまわない。しかし、龍舟節にあたって姑媽（父方の姉妹）が舅舅（母方の兄弟）を迎えるときには、姑媽全員が必ず旗袍を着るという。さらに、旗袍のデザインのルールもあるようで、普段着なら短い旗袍を着てもいいのだが、イベントのときには裾の長い旗袍がいいとされる。ちなみに、張元珍は三、四着旗袍をもっているという。

バーベキューパーティー、ダンスイベント（跳舞）、夜のパーティー（晩会）などで、苗族の女性たちはみな同じデザインの旗袍を着ている。苗族の有名な祭りである姉妹節では、昼間は苗族の民族衣装を着るが、夜のパーティーでは旗袍に着替えていた。また、ダンスのときも、踊りの内容によって、毎回色彩が異なる旗袍を着用することを心掛けているという。一人で着るのではなく、全員同じ旗袍を着ることが大事なのだと、彼女たちは口をそろえて言っていた。

いつごろから施洞の苗族の女性は旗袍を着るようになったのだろうか。二〇一九年八月二十八日に婦女主任の潘泡金に話を聞いた。潘は十四歳から出稼ぎのため北京や上海、温州に出かけ、外の世界を見てきた。彼女は旗袍が好きで、十年ほど前から着始めたという。だが村人が行事で着るようになったのは最近のことだという。

実は、苗族の女性が龍舟節で旗袍を着るようになったのは、この潘泡金の提案だったという。なぜ龍舟節のときに旗袍を着ようと発案したのかと本人に聞くと、村人のために美しい服を一緒に着たいからだという。旗袍を着る前に、フレアスカート（ラッパ裙）やタイトスカート（一歩裙）なども着たことがあったが、旗袍が最も美しいという。

同じ旗袍を着ると同じ気持ちになる（斉心）と潘は言った。まるで制服のようだ。一人で着るのは美しくなく、みんなで着ることが美しいのだそうだ。どこへ行っても、旗袍を着ると、外部の人にはすぐどこの村人かわかるという。

潘はいろいろ試したが、やはり旗袍がいちばんきれいだし、着やすいという。われわれからすれば、ハイネックの衿は堅苦しくて、首が凝りそうな気がするが、苗族にしてみれば楽なのだという。最初は不思議に思ったが、苗族の女性の銀の首飾りを手に取ったとき、疑問は解消した。苗族を象徴する銀装飾品は、どれも十五キロほどの重さがあるのだが、首飾りだけでも五、六キロある。それと比べると、旗袍の立て衿など何の問題もなく楽だと納得した。

日本では、ほかの人と違う服を着るのが個性を表す方法と見なされている。しかし、苗族は全員が同じ服を着ているから美しいという。苗族の民族衣装は、手作りの布や刺繍、装飾品がたくさん付いているから重くて傷みやすい。それに比べれば旗袍は普段着のように着やすく感じるのだ。さらに、旗袍はモダンな雰囲気（洋気）をもつ服だといい、苗族が旗袍を着ることを「中西接合」（中国と西洋を融合する）と表現する村人もいた。

苗族の女性・龍明珍（一九六三年生まれ）に、旗袍を着ることで夫から何か言われたかと聞いたところ、夫に勧められたから旗袍を着るようになったという答えだった。実際、多くの男性は、ほかの女性の旗袍姿を見て美しいと思い、自分の妻にも着てもらいたいといい、旗袍に反対する人はほとんどいなかったという。

女性たちが身にまとった旗袍の値段はだいたい四百元から五百元ぐらいのものが多い。何か行事があるときに、婦女主任（潘泡金）が主導して、何百人かが同じ旗袍を着たこともある。それらの旗袍はインターネットで購入することもあれば、凱里（貴州省の県庁所在地）でオーダーメイドで注文したものもある。

現在でも苗族の支系では、互いにはっきりと境界を設けることが多く（「劃清界線」）、ほかの支系の衣装を着ることは許されない。しかし、旗袍なら大丈夫なのだという。誰が着てもいいし、それぞれの支系を表す特徴を示す髪形さえ守れば問題ないのだそうだ。

第7章で述べたような「漢服」や「旗袍」をめぐる論争は、苗族の女性には関係ないのだ。旗袍が満洲人に由来するにせよ、漢人に由来するにせよ、苗族の女性が着るのには何の問題もない。「伝統服」としてではなく、単にファッションとして楽しんでいるのである。

漢族にとって旗袍は、「中国人女性」を象徴するが、それに対し、苗族の女性は自分を「中国人」として示すときは、多民族国家の一員として苗族の民族衣装を着る。旗袍は彼女たちにとって「中国人」を意味する服ではないのである。

そういう意味では、旗袍は「中国女性の象徴」「中国の伝統服」、中国の「国服」といった側面をもつ一方で、それとは切り離された文脈で、美しいファッションとして、国や民族や政治的な問題を超越した服でもある。

少数民族と旗袍との関わりについての研究はほとんどないのが現状である。中国国内の研究者は漢族であれ少数民族であれこの問題について関心がないのか、それとも「少数民族が旗袍を着ること」などありえないと思っているのか、理由は定かではない。いずれにせよ筆者は、満洲族や漢族以外の民族が旗袍をどのようにみているのかについて今後も調査・研究を続けていくつもりである。

あとがき

本書を書くことになったのは、ある出来事がきっかけだった。

二〇一八年夏、以前出版した書籍をもとに英語版を出版してはどうかという勧めを受けて、青弓社に可能かどうかを相談したところ、その書籍自体が品切れ状態なので、むしろ新しい知見を加えて日本語で原稿を書かないか、という提案をいただいた。

当初は、前著二冊の内容を要約して近年の研究成果を付け加えればできるだろうと考えていた。しかし、書いているうちに、チャイナドレスに関するさまざまな考えが湧いてきた。結果として、台湾とマレーシア華人に関する内容以外はほとんど書き下ろしになった。

本書は、チャイナドレス、つまり旗袍の歴史を追いながら、旗袍にまつわるさまざまな思想や社会の動きについて考察したものである。旗袍にまつわる身体性、ジェンダー、セクシュアリティー、エスニシティー、伝統、民族、サブカルチャーといった視点から、チャイナドレスの多様性を考察したものだといえる。

筆者が来日してからかれこれ二十年以上の歳月が過ぎた。その間、いろいろな出会いに恵まれて、多くの研究機会をいただいた。これらの経験は自分の人生にとって得がたい宝物になっている。来日して間もないころ、インドネシアの「民族服」であるバティックと出合い、そこで「自分は何人なのだろうか?」という疑問を筆者のなかに引き起こしたのが、チャイナドレス研究の一つのきっかけになっている。

そんな疑問を抱きながら、中国少数民族の苦聡人集落の調査を通して漢族文化との比較の視点をもてたこと、資生堂との共同研究で旗袍の新たな研究視点に気づいたこと、日本学術振興会の科学研究費による調査を通して台湾やマレーシアの華人たちと出会い、新たな関心と疑問を抱いたこと、アジア地域の民族衣装を題材にした大学の授業を通して、学生たちの新鮮な意見にふれたことなど、多くの経験が、筆者の研究のエネルギーになった。

これらの経験は、すべて筆者の旗袍研究の土台となり、複合的視点を与えてくれた。チャイナドレスをきっかけに、民族衣装にまつわる諸問題（アイデンティティー、ジェンダー、化粧、身体装飾など）に関心をもつようになった。

この場を借りて、台湾やマレーシア現地調査の際に温かく迎えてくれた現地の方々に感謝の意を申し上げたい。とくに、サラワク・マレーシア大学人類学上級専任講師の蔡静芬博士と北京服装学院民族服飾博物館の劉育紅の両氏に感謝を伝えたい。両氏の協力がなければここまでの調査ができなかったと思う。

東京都から山形県に移り住んでから十年近くたつ。この年月は、筆者にとってかけがえのない時間である。さまざまな出会いや研究のチャンスをいただくうちに「本当の自分」が生まれてきたのかもしれない。この十年間をともに過ごしてくれた方々、お世話になった方々、見守ってくれた家族に、深く感謝を申し上げる。

二〇一八年の夏から一年以上をかけて、本務に忙殺される日々と戦いながら、コツコツと執筆を進めてきた。まだまだ足りないところが多々あると自覚しているが、ひとまず、自分自身に対する問いからスタートした旗袍研究が三冊目になったことに対して、青弓社の矢野恵二氏に深く感謝したい。

なお、本書の一部は、日本学術振興会科学研究費基盤研究（C）（H26-28、H29-33）の補助によるもので、本書はその成果報告をかねている。

二〇一九年十一月十日

謝黎

［著者略歴］
謝黎（シャ レイ）
1966年、上海生まれ
東北芸術工科大学芸術学部准教授
著書に『チャイナドレスの文化史』『チャイナドレスをまとう女性たち――旗袍にみる中国の近・現代』（ともに青弓社）

チャイナドレス大全《たいぜん》　文化・歴史・思想

発行――2020年6月24日　第1刷
定価――2400円＋税
著者――謝黎
発行者――矢野恵二
発行所――株式会社青弓社
〒162-0801 東京都新宿区山吹町337
電話 03-3268-0381（代）
http://www.seikyusha.co.jp
印刷所――三松堂
製本所――三松堂

ISBN978-4-7872-3470-4　C0039